DK

memo Wissen entdecken Kids

Weltraum

Sterne und Planeten

DK | Penguin Random House

Eine Sonderproduktion für die
Autobahn Tank & Rast GmbH,
Andreas-Hermes-Str. 7-9
53175 Bonn

Arnulfstraße 124, D-80636 München
b2b@dk-germany.de

Ein Unternehmen der
Penguin Random House Group

Genehmigte Sonderausgabe 2020
Bereich B2B & Kooperationen
Nr. 2019-CS-038

Die Inhalte dieser Sonderausgabe wurden
zusammengestellt aus folgender Originalausgabe:
memo Kids: Weltraum: Sterne und Planeten
ISBN 978-3-8310-2598-5

Herstellung und Realisation dieser Sonderausgabe:
Dorling Kindersley Verlag, Bereich B2B & Kooperationen

Projektkoordination: Julia Sommer, Carmen Brand

Herstellungskoordination: Julia Fink
Satz: Roman Bold & Black

Druck und Bindung: Lanarepro GmbH, Italien

www.dorlingkindersley.de (B2B)

FSC www.fsc.org
MIX
Papier aus verantwortungsvollen Quellen
FSC® C016410

Inhalt

Blick nach oben

In klaren Nächten können wir am Himmel helle Objekte sehen. Sie befinden sich im Weltraum. Dinge im Weltraum sehen für uns wie winzige Punkte aus, weil sie so weit weg sind. Tatsächlich aber sind die meisten von ihnen riesengroß.

Draußen im Weltraum gibt es gigantische Gebiete, wo nichts ist.

Was ist der Weltraum?

Jenseits unserer Welt gibt es viele andere Objekte. Sie sind teils sehr verschieden, aber alle bewegen sich. Dazwischen gibt es eine riesige Leere, die wir Weltraum nennen. So bezeichnen wir auch alles, was außerhalb unserer eigenen Welt liegt.

Unser Nachbar

Nach Sonnenuntergang ist der Mond das hellste Objekt am Himmel. Er ist unserer Erde im Weltraum am nächsten und sieht für uns ziemlich groß aus, doch er ist um ein Vielfaches kleiner als die Sonne.

Ganz still

Geräusche erreichen über die Luft unsere Ohren. Unsere Welt ist voller Luft, daher können wir viele Laute hören – aber im Weltraum gibt es keine Luft. Selbst wenn wir dort neben einem ganzen Orchester sitzen würden, könnten wir die Musik nicht hören – nicht mal die Pauken!

Blick zu den Sternen

Wir leben auf einem Planeten und die meisten hellen Punkte am Nachthimmel sind Sterne. Der uns am nächsten liegende ist die große, gelborange Kugel, die wir tagsüber sehen können: die Sonne. Sie ist viel größer als die Erde und sieht am Himmel riesig aus, da sie uns so viel näher ist als andere Sterne.

Dieser Satellit wird vom Sonnenlicht beleuchtet.

Warum ist es im Weltraum so finster?

Licht reist durch den Weltraum. Alles Licht, das wir Tag und Nacht empfangen, kommt von den Sternen. Wir können Licht nur sehen, wenn es auf ein Objekt trifft und von ihm abprallt. Bei uns ist es so hell, weil Licht von winzigen Teilchen in der Atmosphäre um uns herum zurückgeworfen wird (siehe Seite 6). Der Weltraum aber ist leer und deshalb dunkel.

Der Planet Erde dreht sich und bewegt sich im Weltraum vorwärts, hier auf dem Boden aber spüren wir das nicht.

In ihrem Inneren besteht die Erde aus einer Kugel von solidem Metall. Das ist der Erdkern.

Fast drei Viertel der Erdoberfläche sind mit Wasser bedeckt.

Die Erde dreht sich um sich selbst, während sie sich vorwärtsbewegt. Eine Umdrehung dauert rund 23 Stunden und 56 Minuten.

Warum ist der Himmel blau?

Das Licht der Sonne besteht aus verschiedenen Farben. Erreicht es die Erde, prallen die Farben von winzigen Teilchen aus Staub und Wasserdampf in der Atmosphäre ab. Dadurch werden sie überall am Himmel verstreut. In diesem gestreuten Licht überwiegt die Farbe Blau, weshalb unser Himmel tagsüber blau aussieht.

Wir im Weltraum

Unsere Erde ist ein Planet, eine riesige Welt, die sich im Weltraum bewegt und größtenteils aus Gestein besteht. Ihre Oberfläche ist überwiegend von Wasser bedeckt – den Meeren und Ozeanen.

Die Bedingungen auf der Erde sind genau richtig für Lebewesen.

Ein lebendiger Planet

Die Erde ist der einzige uns bekannte Planet, auf dem Lebewesen existieren. Viele Pflanzen und Tiere leben hier – so viele, dass sie bis jetzt niemand gezählt hat. Sie brauchen zum Leben Wasser und ein Gas, das wir Sauerstoff nennen. Von beidem gibt es genug auf dem Planeten Erde.

Eine unsichtbare Kraft

Lassen wir ein Objekt los, fällt es nach unten. Alles auf der Erde wird nämlich von einer unsichtbaren Kraft festgehalten: der Schwerkraft. Sie zieht alles zum Boden hin – ohne sie würden wir zum Himmel hoch schweben und die Ozeane würden sich in den Weltraum ergießen! Die Erde ist nicht der einzige Ort im Weltraum, wo die Schwerkraft wirkt. Sie existiert überall im Universum.

Spezialdecke

Unser Planet ist von einer dicken Gasschicht bedeckt: der Atmosphäre. Wir können sie zwar nicht spüren, aber sie enthält die Luft, die wir atmen, und die Wolken, die uns Regen spenden. Sie lässt das Licht und die Wärme herein, die wir von der Sonne brauchen, hält aber viele schädliche Teile der Sonnenstrahlen ab. Am äußeren Rand der Atmosphäre beginnt der Weltraum.

Durchs Fernrohr

Leicht erkennen wir vertraute Objekte am Nachthimmel, etwa Sterne. Aber da der Weltraum riesengroß ist, gibt es immer noch mehr zu entdecken. Astronomen versuchen, weit entfernte Dinge im Weltraum zu untersuchen. Ständig werden aufregende neue Entdeckungen gemacht.

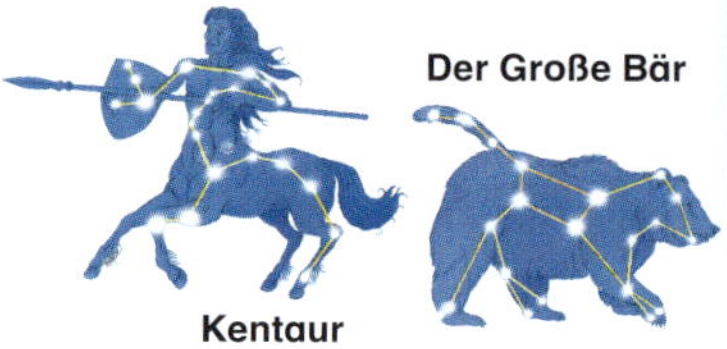

Muster

Die ersten Astronomen bildeten aus den Sternen am Himmel Muster, um sie zu unterscheiden. Jedes dieser Sternbilder hat einen eigenen Namen.

Der Helfer des Astronomen

Mit einem Spezialgerät, Teleskop genannt, betrachten Astronomen ferne Objekte im Weltraum. Es funktioniert wie ein sehr starkes Vergrößerungsglas, sodass Gegenstände für das Auge viel größer und klarer wirken. Teleskope gibt es in verschiedenen Stärken und Größen.

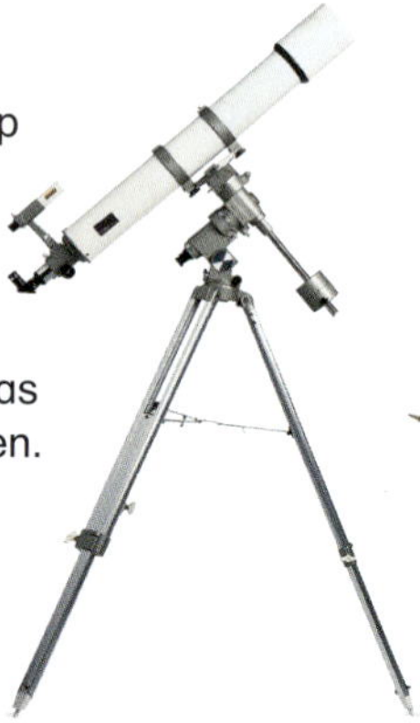

In solchen großen Gebäuden, Observatorien genannt, befinden sich die größten und stärksten Teleskope.

Augen am Himmel

Die dichte Erdatmosphäre ist den Astronomen im Weg, wenn sie Dinge im Weltraum deutlicher sehen wollen. Deshalb befinden sich große Teleskope oft auf hohen Bergen – dort ist die Atmosphäre dünner – oder sogar an Bord von Spezialsatelliten im Weltraum, wie das Hubble-Weltraumteleskop.

Wunderrohre

Die ersten Teleskope wurden vor rund 400 Jahren gebaut. Sie waren nicht so stark und präzise wie heutige Geräte, verhalfen den Astronomen aber zu wichtigen Entdeckungen. Wilhelm Herschel fand im Jahr 1781 den Planeten Uranus mit einem Teleskop aus Holz. Heute müssen Astronomen nicht einmal selbst in den Himmel schauen, da ihre Teleskope alle Informationen mit Spezialcomputern sammeln.

Radioteleskope

Manche Teleskope empfangen Radiowellen aus dem Weltraum. Die große Schüssel sammelt diese Wellen und bündelt sie auf die Antenne, die sie dann in elektrische Signale umwandelt. Ein Computer baut aus diesen Signalen Bilder von Objekten im Weltraum auf.

Reise zum Mond

Außer dem Planeten Erde ist der Mond der einzige Ort im Weltraum, den Menschen bis jetzt betreten haben. Zwischen 1969 und 1972 gab es sechs erfolgreiche Flüge zum Mond, dessen Oberfläche insgesamt 12 Astronauten erkundet haben.

Start der Saturn-V-Rakete im Juli 1969

Raketenflug

1969 startete die Mission **Apollo 11** mit drei amerikanischen Astronauten von der Erde. Die Kommandokapsel **Columbia** wurde von einer starken Saturn-V-Rakete in den Weltraum gebracht. Dann trennte sich die Kapsel von der Rakete und flog zum Mond. Als sie den Mond erreichte, sank die Mondlandefähre **Eagle** mit zwei Astronauten an Bord zur Oberfläche hinab.

Blick auf die Erde vom Mond aus

Ein Raketenflug zum Mond und zurück dauert etwa 6 Tage.

Ein Anblick für wenige Menschen

Die Besatzungsmitglieder der Mission **Apollo 8** erblickten als erste Menschen einen „Erdaufgang" über dem Mond (oben), als sie ihn 1968 umrundeten. Die Tagseite der Erde wird von der Sonne beleuchtet, die Nachtseite ist in Finsternis getaucht.

Eine Spezialblende schützt die Augen des Astronauten vor den grellen Sonnenstrahlen.

Der Rucksack enthält einen Luftvorrat.

Astronauten auf dem Mond können miteinander nur über die Spezialsender in ihren Helmen sprechen.

Da kein Wind die Fußabdrücke eines Astronauten verweht, könnten sie Millionen von Jahren im Mondboden bleiben.

Armstrong und Aldrin waren fast einen ganzen Tag auf der Oberfläche. Unterdessen umrundete Michael Collins den Mond im Kommandomodul von Apollo 11.

Mondmaschine

Die ersten Menschen, die den Mond betraten, waren Neil Armstrong und Edwin Aldrin. Die Mondlandefähre **Eagle** brachte sie zur Oberfläche hinunter und zur **Columbia** zurück.

Diese Landebeine blieben zurück, als die Eagle **den Mond verließ.**

Mondspaziergang

Die Schwerkraft des Monds ist viel schwächer als die der Erde. Objekte auf dem Mond werden also nicht so stark zum Boden hinabgezogen. Das erschwert das Gehen. Herumhüpfen ist einfacher: Auf dem Mond kann man fast 6-mal so hoch springen wie auf der Erde!

Wasserlandung

Columbia, das Kommandomodul von **Apollo 11**, kehrte sicher zur Erde zurück, indem sie in den Pazifik fiel. Das nennt man eine Wasserung. Nach dem Wiedereintritt des Moduls in die Erdatmosphäre öffneten sich drei Fallschirme, um den Sturz in den Ozean abzubremsen.

Unser Mond

Der Mond ist das größte und hellste Objekt am Nachthimmel. Aber er gibt kein eigenes Licht ab wie die Sonne, sondern scheint so hell, weil er von ihr beleuchtet wird. Auf dem Mond gibt es keine Luft, kein Wasser, kein Wetter und keinerlei Leben.

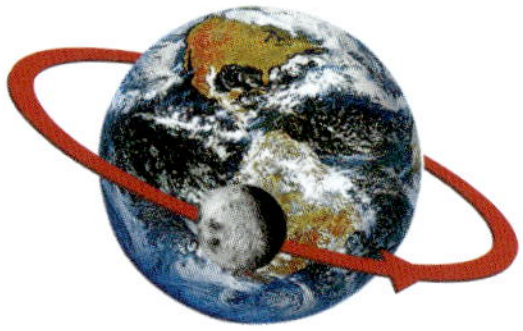

Umrundung

Der Mond bewegt sich ständig durch den Weltraum und umrundet unseren Planeten. Dabei dreht er sich zugleich um sich selbst wie ein Kreisel – genau einmal während jeder Umrundung.

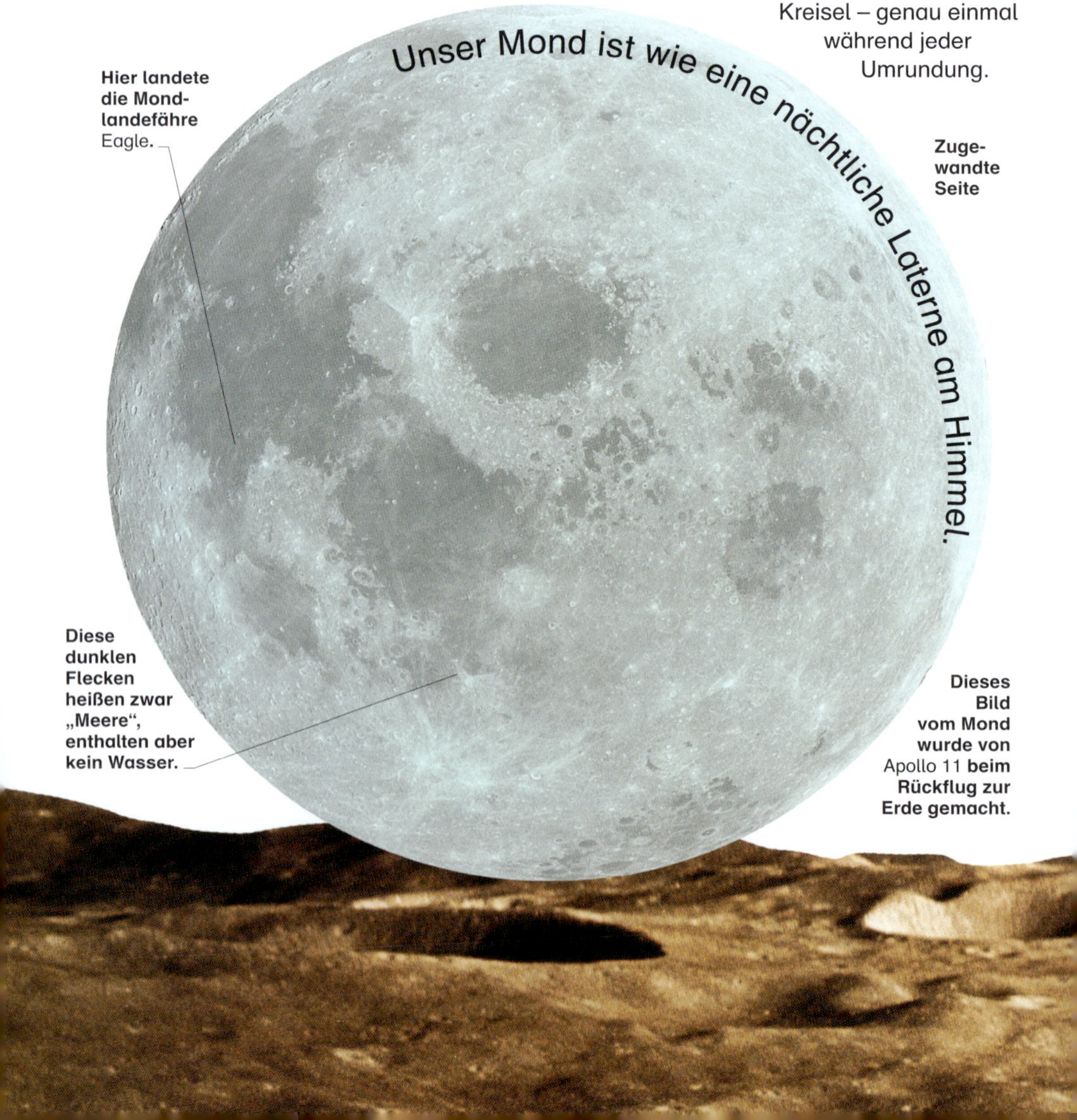

Hier landete die Mondlandefähre Eagle.

Zugewandte Seite

Diese dunklen Flecken heißen zwar „Meere“, enthalten aber kein Wasser.

Dieses Bild vom Mond wurde von Apollo 11 **beim Rückflug zur Erde gemacht.**

Eine geheime Seite

Ständig ist dieselbe Seite des Monds unserem Planeten zugewandt. Eine Seite können wir also von der Erde aus nie sehen. Die abgewandte Seite (rechts) ist ganz anders als die uns zugewandte Seite (links). Sie hat weniger dunkle „Meere“, aber viel mehr Krater.

Weißt du das?

- Der Mond umrundet die Erde in gut 27 Tagen.
- Die russische Raumsonde **Luna 3** machte als Erste Bilder von der abgewandten Seite des Monds.

Abgewandte Seite

Glühend heiß wird die Mondoberfläche, wenn sie der Sonne zugewandt ist.

Diese schüsselförmigen Vertiefungen auf der Oberfläche heißen Krater.

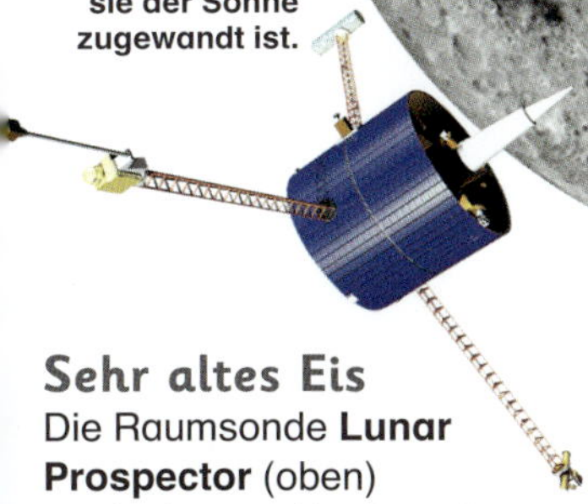

Sehr altes Eis

Die Raumsonde **Lunar Prospector** (oben) entdeckte am Nord- und Südpol des Monds gefrorenes Wasser. Dieses Eis stammt vermutlich von Kometen, die vor langer Zeit mit der Mondoberfläche zusammenstießen.

Ändert der Mond seine Form?

Bei der Umrundung der Erde sehen wir unterschiedlich große Teile der sonnenbeschienenen Seite des Monds. Es scheint, als ändere der Mond seine Form. Wenn der Mond überhaupt nicht zu sehen ist, haben wir Neumond. Dann erblicken wir die Sichel, das erste Viertel, den Dreiviertelmond und schließlich den Vollmond.

Neumond — **Sichel** — **Erstes Viertel** — **Dreiviertelmond** — **Vollmond**

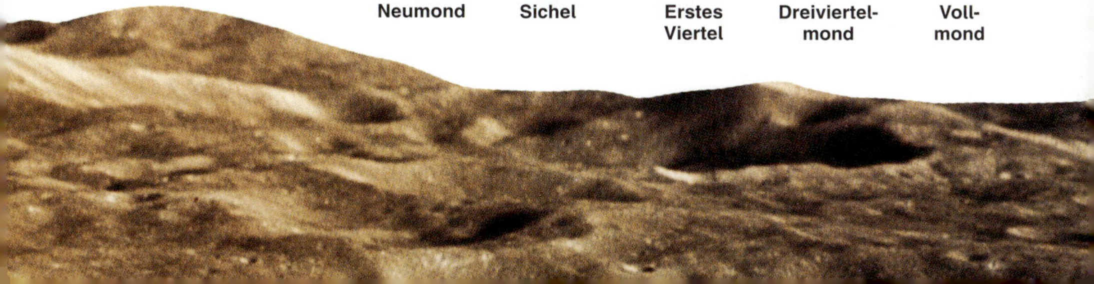

Die Sonne

Die Sonne ist der erdnächste Stern. Wie alle Sterne ist sie eine riesige Kugel aus brennend heißem Gas. Aber dieses feurige Monstrum ermöglicht alles Leben auf der Erde.

Die Sonde Ulysses **erforschte bis 2009 Weltraumregionen über dem Nord- und Südpol der Sonne.**

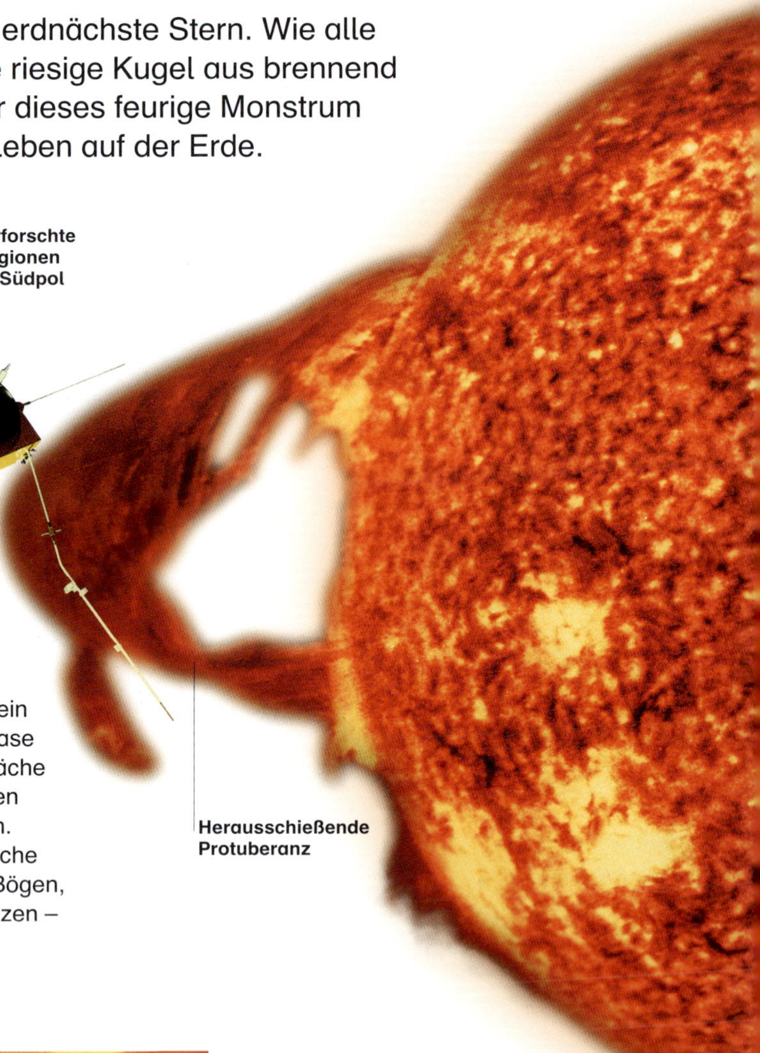

Fantastisches Feuerwerk

Das Zentrum oder der Kern der Sonne ist wie ein riesiger Ofen, in dem Gase brennen. An der Oberfläche schießt das Gas in hellen Sonneneruptionen hoch. Oft bilden diese Ausbrüche von heißem Gas hohe Bögen, sogenannte Protuberanzen – riesige Feuerschlingen.

Lichtspiel bei Sonnenuntergang

Es ist gefährlich, direkt in die Sonne zu blicken, da sie so hell ist. Sicherer können wir unseren lokalen Stern bei Sonnenuntergang am Himmel beobachten. Dabei erkennen wir mehr von den Farben in seinem Licht – und die herrlichen Muster, die sie bilden.

Stürme auf der Oberfläche schicken Sonnenwinde in den Weltraum. Sie können Satelliten beschädigen und sogar Stromausfälle auf der Erde verursachen!

Antike Astronauten

Es gibt einen griechischen Mythos über einen Erfinder namens Dädalus, der für sich und seinen Sohn Ikarus Flügel aus Federn und Bienenwachs baute. Ikarus kam der Sonne zu nahe. Das Wachs schmolz und er stürzte ins Meer.

Das Zentrum der Sonne ist wie eine unablässig explodierende, riesige Bombe.

Das Licht der Sonne erreicht in 8 Minuten den Planeten Erde.

Eine Sonnenfinsternis

Zu einer Sonnenfinsternis kommt es, wenn der Mond zwischen Sonne und Erde vorbeizieht. Dabei verhindert der Mond, dass uns ein Teil des Sonnenlichts erreicht, und wirft einen Schatten auf Teile unseres Planeten. An diesen Orten wird es tagsüber kurzzeitig dunkel.

Sonnensystem

Die Sonne befindet sich im Mittelpunkt einer Schar von Planeten, die sie auf Umlaufbahnen umrunden. Die Erde ist einer von 8 Planeten in diesem Sonnensystem.

Ein planetarisches Jahr

1 Jahr ist die Zeit, die ein Planet für eine volle Umrundung der Sonne benötigt. Je weiter er von der Sonne entfernt ist, desto größer ist seine Umlaufbahn und umso länger dauert 1 Jahr auf diesem Planeten.

Alle Planeten drehen sich in der gleichen Richtung um die Sonne.

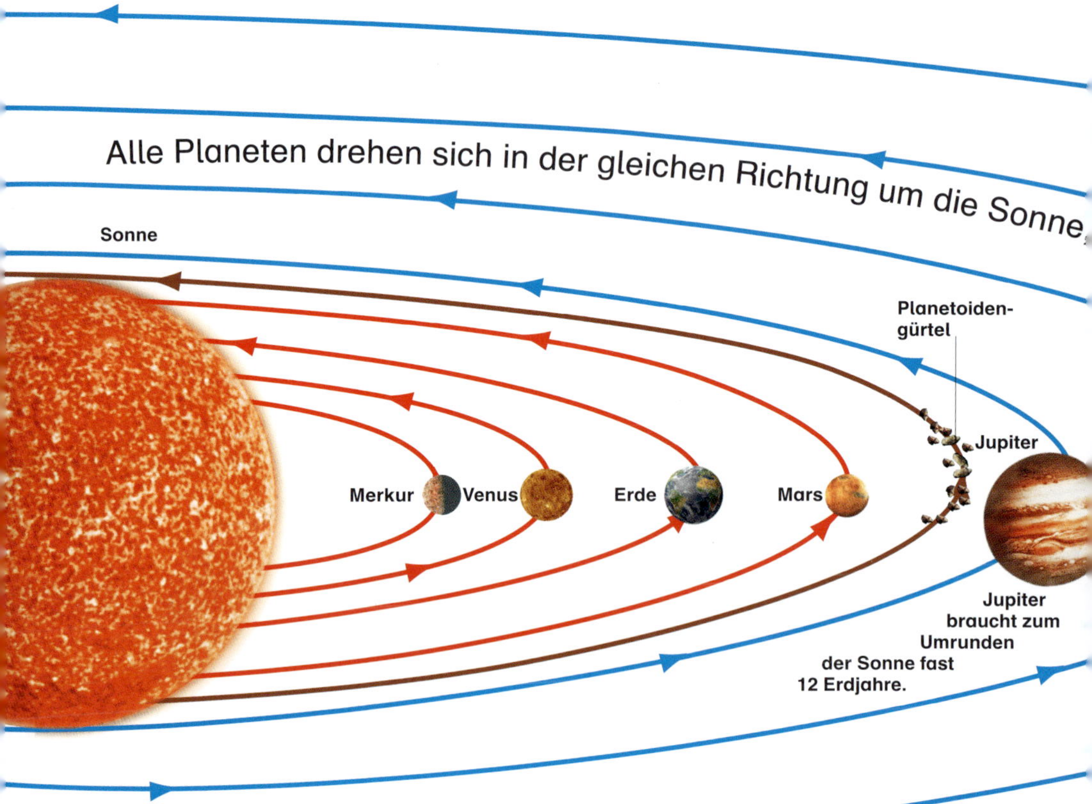

Sonne und Planeten nicht maßstabsgetreu

Die inneren Planeten bestehen aus Gesteinen und Metallen,

Die Umlaufbahn aller Planeten ist geneigt, bei manchen

Das ist Kallisto, der zweitgrößte Jupitermond. Er ist genauso groß wie der Planet Merkur.

Planeten und Monde

Ein Mond ist ein großer Gesteinsbrocken im Weltraum, der einen Planeten umrundet. Es gibt verschieden große Monde, aber die meisten sehen wie kleine Planeten aus. Außer Merkur und Venus haben alle Planeten einen oder mehr Monde. Jupiter hat 67 – vermutlich die meisten.

Weißt du das?

- Die Anordnung der Planeten im Sonnensystem wird durch die Schwerkraft verursacht. Die Sonne hat die stärkste Schwerkraft – sie bestimmt die Wege der Planeten um sie herum. Die Schwerkraft hält auch Monde auf der Umlaufbahn um ihre Planeten.
- Merkur, Venus, Erde und Mars bilden die Gruppe der inneren Planeten. Jupiter, Saturn, Uranus und Neptun sind die äußeren Planeten.
- Die sonnennahen Planeten bewegen sich viel schneller als die weiter entfernten.

aber unterschiedlich schnell.

die äußeren Planeten sind gewaltige Gasriesen.

stärker als bei anderen.

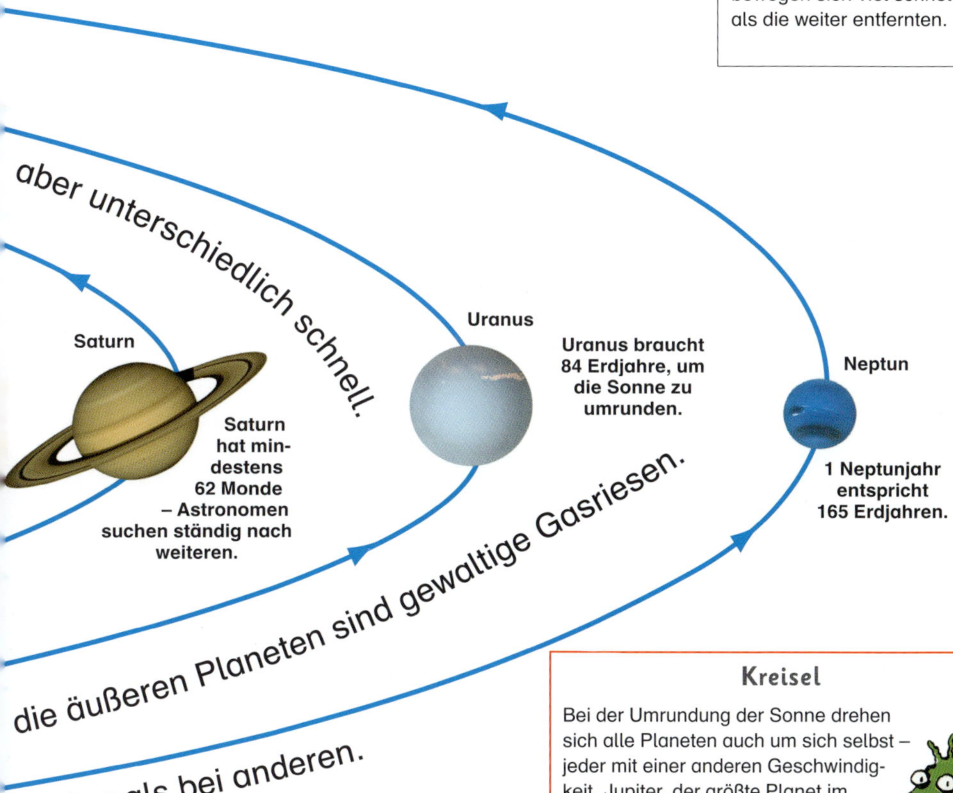

Saturn hat mindestens 62 Monde – Astronomen suchen ständig nach weiteren.

Uranus braucht 84 Erdjahre, um die Sonne zu umrunden.

1 Neptunjahr entspricht 165 Erdjahren.

Kreisel

Bei der Umrundung der Sonne drehen sich alle Planeten auch um sich selbst – jeder mit einer anderen Geschwindigkeit. Jupiter, der größte Planet im Sonnensystem, dreht sich am schnellsten. Für eine Umdrehung benötigt er weniger als 10 Stunden, die Erde 23,93 Stunden.

Ein Stern ist geboren

Sterne entstehen in wirbelnden Nebelwolken. Sie bestehen aus Gas und Staub und verbinden sich zu gigantischen, sich drehenden Kugeln. Die jungen Sterne erhitzen sich rasch, beginnen zu leuchten und lassen den Nebel in herrlichen Farben erstrahlen.

Sterne verändern sich, wenn sie älter werden, und schließlich sterben sie – aber erst nach vielen Milliarden Jahren.

Geheimnisse der Sterne

Sterne, die wahren Riesen des Weltraums, sind die häufigsten Objekte am Nachthimmel, aber auch die kompliziertesten. Es dauerte lange, bis man herausfand, wie Sterne im Weltraum „leben“ und „sterben“.

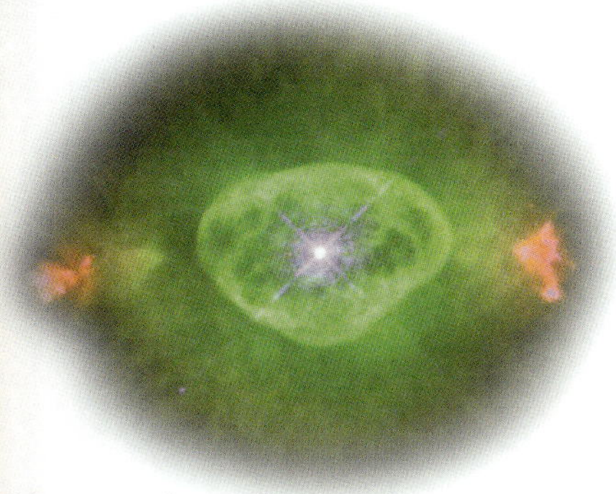

Große Sterne

Die größten Sterne, Superriesen genannt, leben am kürzesten. Geht Superriesen der Brennstoff aus, brechen sie in sich zusammen und jagen ihre äußeren Schichten mit einer gigantischen, blendend hellen Explosion in den Weltraum. Dies nennt man eine Supernova.

Wie sterben Sterne?

Sterne sterben, wenn ihnen der Brennstoff ausgeht. Kleinere und mittelgroße Sterne wie unsere Sonne sterben sanft und still. Sie schwellen zu einem Roten Riesen an, kühlen dann langsam ab und schrumpfen, während sie Gasschichten in den Weltraum abstoßen.

Was ist ein Schwarzes Loch?

Endet ein Superriesenstern in einer Supernova, bilden seine Überreste meist einen sogenannten Neutronenstern. Aber manchmal zieht die Schwerkraft so stark an den Überresten, dass sie alle zusammengepresst werden und zu einem einzigen Punkt im Weltraum schrumpfen: einem Schwarzen Loch.

Recycling

Zu Beginn ihres Lebens wandern Sterne als Ansammlungen von Gas und Staub durch den Weltraum. Schließlich werden sie wieder zu Gas und Staub – aber diese Materialien werden zur Bildung neuer Sterne verwendet.

Die Milchstraße

Eine Galaxie ist eine riesige Sternenfamilie, die durch den Weltraum zieht. Die Milchstraße ist der Name unserer Galaxie und sie enthält alle Sterne, die man nachts am Himmel sieht. Zwischen den Sternen befinden sich riesige Gas- und Staubwolken. Das sind die Bausteine für neue Sterne.

Spiralförmige Galaxie

Balkenspiralgalaxie

Elliptische Galaxie

Irreguläre Galaxie

Die Sterne in der Milchstraße bewegen sich auf diesen Spiralarmen um das Zentrum der Galaxie – aber nicht alle mit der gleichen Geschwindigkeit.

Formen im Weltraum

Die unterschiedlich geformten Galaxien lassen sich in vier Haupttypen einteilen: Spiral- und Balkenspiralgalaxien, elliptische und irreguläre Galaxien. Galaxien drehen und bewegen sich im Weltraum wie Monde und Planeten. Die Milchstraße hat die Form einer Spiralgalaxie.

Die Milchstraße besteht zwar aus Abermillionen Sternen, ist aber überwiegend leerer Raum.

Pfannkuchengalaxie

Von der Seite gesehen ist die Milchstraße flach, mit einem großen Buckel in der Mitte. Sterne, die sich in Alter, Größe und Temperatur unterscheiden, bewegen sich um das Zentrum der Galaxie in riesigen Spiralarmen.

Der zentrale Buckel

Astronomen glauben, dass im Herzen der Milchstraße ein großes Schwarzes Loch lauert.

Weißt du das?

- Die Form der Milchstraße ändert sich ständig – aber ganz langsam.
- Unser Sonnensystem liegt im Orionarm und dreht sich einmal in 220 Millionen Jahren um das Zentrum der Milchstraße.

Ein Fleck wie wir

Die Andromedagalaxie ist das fernste Objekt, das wir von der Erde mit bloßem Auge sehen können. Diese gigantische Sternenmasse wirkt wie ein winziger Fleck am Nordhimmel. Von dort betrachtet sähe auch unsere Milchstraße nur wie ein heller Fleck im Weltraum aus.

Das Universum

Das Universum ist alles, was existiert, auch das, was wir nicht sehen können und von dem wir noch nichts wissen. Das Universum ist unvorstellbar groß, da es keinen Anfang und kein Ende zu haben scheint.

Galaxien beobachten

Mit dem Hubble-Weltraumteleskop erfahren Astronomen Neues über das Universum. Es liefert von kleinen Gebieten im All Bilder voller Punkte und Flecken wie oben. Tatsächlich sind das ganze Galaxien in den Tiefen des Weltraums.

Das Hubble-Weltraumteleskop umrundet die Erde.

Aufgrund unserer unruhigen Atmosphäre kann kein Teleskop auf der Erde so deutlich sehen wie das Hubble.

Weißt du das?

- Das Universum entstand im Bruchteil einer Sekunde.
- Unser Sonnensystem entstand erst Abermillionen Jahre nach dem Universum.

Wir haben erst einen sehr kleinen Teil des Universums erforscht.

Woraus besteht das Universum?

Das Universum ist überwiegend leerer Raum, aber darin treiben Galaxien wie die Milchstraße. Sie enthalten Millionen von unterschiedlich alten Sternen. Einige dieser Sterne haben Planetenfamilien wie unser Sonnensystem.

Im Universum gibt es Abermilliarden von Galaxien.

Diese Hubble-Aufnahme vermittelt einen Eindruck davon, wie Sterne im frühen Universum entstanden sein könnten.

Und wächst und wächst ...

Kurz nach dem Urknall, als das Universum entstand, waren alle Dinge darin näher beieinander – aber seitdem haben sie sich immer weiter voneinander entfernt. Niemand kennt die genaue Größe des Universums. Doch Astronomen wissen nun, dass sich die Galaxien darin langsam voneinander wegbewegen. Daraus schließen sie, dass das Universum ständig größer wird.

Mit einem Knall geboren

Viele Wissenschaftler glauben, dass das Universum vor Milliarden von Jahren durch den Urknall entstand. Die Energie, die dabei frei wurde, erzeugte heiße Materialien, aus denen sich später alle Galaxien, Sterne, Monde und Planeten des Universums bildeten.

Register

Dank und Bildnachweis

Der Verlag dankt den folgenden Personen und Institutionen für die freundliche Genehmigung zum Abdruck von Fotos:

(Abkürzungen: o = oben, u = unten, m = Mitte, l = links, r = rechts, g = ganz, Hg = Hintergrund)

Anglo-Australian Observatory: 20mro, 20mul, 20mur. European Space Agency: 11mr. Galaxy Picture Library: Robin Scagell 8ul. Genesis Space Photo Library: 10ml. NASA: 2mlo; 5ul; 7u; 10–11; 11gol; 11ur; 12m; 12u–13u; 13mo; 13ur; 14mlo; 15ur; 16ml; 16–17m; 17gol. COBE Project 21ro; 22u–23u; 22go–23go; 23mlo; 23mlu. NHPA: Martin Harvey 7mo, 7gor. NSSDC / GSFC / NASA: 13mu. Planet Earth Pictures: Mike Read 4um. Powerstock Photolibrary / Zefa: Stock Photos Pty Ltd. 14ul. Royal Observatory, Edinburgh: D. F. Malin/Anglo-Australian Observatory 18; 19mru. Science Photo Library: Dr. Seth Shostak 1; NASA 2l, 3r; Celestial Image Co. 4ml; Frank Zullo 4–5; David Nunuk 9; ESA/Photolibrary International 12gor; Royal Observatory, Edinburgh 19gor; Jean-Charles Cuillandre/Canada-France-Hawaii 20mlo; Joe Tucciarone 20–21; J. Alexander/University of Washington 19mlo. Weatherstock: Warren Faidley 6. DK: Arran Lewis / Ecorche 6m.

Cover: Corbis: NASA ur, William Radcliffe/Science Faction ml. Fotolia: dundanim um. Getty Images: Stocktrek RF ul; NASA: JPL m, mr. Science Photo Library: Ultravista Team/ European Southern Observatory m/Hg. AdobeStock: martialred gor (Figur mit Buch).

Weitere Informationen unter www.dkimages.com

memo Wissen entdecken

Clever

Weltall

DK

Inhalt

Eine Sonderproduktion für die
Autobahn Tank & Rast GmbH,
Andreas-Hermes-Str. 7-9
53175 Bonn

Arnulfstraße 124, D-80636 München
b2b@dk-germany.de

Ein Unternehmen der
Penguin Random House Group

Genehmigte Sonderausgabe 2020
Bereich B2B & Kooperationen
Nr. 2019-CS-038

Die Inhalte dieser Sonderausgabe wurden zusammengestellt aus folgender Originalausgabe:
memo Clever: Weltall: Das schlaue Taschenlexikon
ISBN 978-3-8310-2488-9

Herstellung und Realisation dieser Sonderausgabe:
Dorling Kindersley Verlag, Bereich B2B & Kooperationen

Projektkoordination: Julia Sommer, Carmen Brand

Herstellungskoordination: Julia Fink
Satz: Roman Bold & Black

Druck und Bindung: Lanarepro GmbH, Italien

www.dorlingkindersley.de (B2B)

FSC®
www.fsc.org
MIX
Papier aus verantwortungsvollen Quellen
FSC® C016410

Maßstab und Größe
Dieses Buch beschreibt Planeten, Monde, Teleskope und Raumsonden und zeigt anhand von Vergleichsbildern, wie groß sie sind.

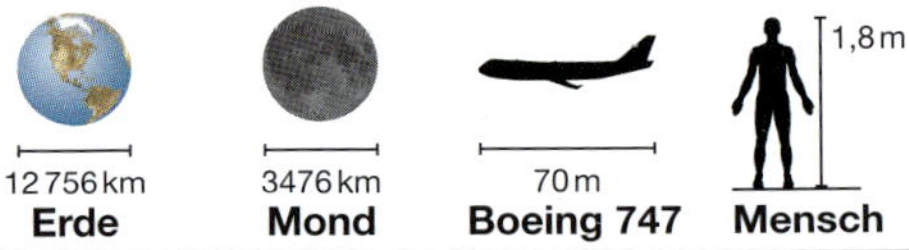

Positionskarten
Sie zeigen Oberflächenmerkmale, Standorte von Teleskopen oder Einschlagstellen von Meteoriten auf der Erde sowie Merkmale des Monds.

Andere Karten zeigen, wo in Sternbildern bestimmte Sterne, Galaxien oder Nebel liegen.

Was ist da draußen?

Die Sterne, die wir als Lichtpunkte am Nachthimmel sehen, sind nur ein kleiner Teil der Milliarden Sterne im All. Sterne entstehen in dichten Wolken aus Gas und Staub, den Nebeln, und bilden Gruppen, die Galaxien. Kugeln aus Eis, Gestein oder Gas kreisen als Planeten um viele Sterne. Die Erde kreist um ihren Stern, die Sonne. Sie ist bisher der einzige bekannte Ort im Universum, auf dem es Leben gibt.

Was ist eine Galaxie?

Jeder Stern ist Teil einer Gruppe, die Galaxie genannt wird. Zwerggalaxien umfassen nur etwa 10 Mio. Sterne, aber es gibt auch Galaxien mit über 1 Billion Sternen. Galaxien haben verschiedene Formen – die Southern-Pinwheel-Galaxie ist z. B. eine Spiralgalaxie mit langen, gekrümmten Armen.

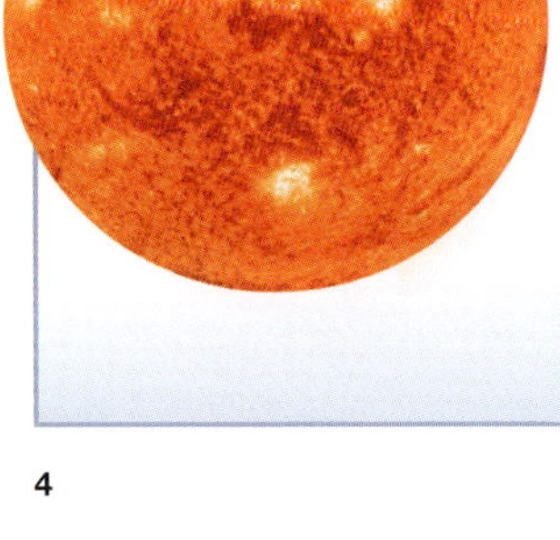

Was ist ein Stern?

Sterne sehen aus wie Lichtpunkte am Nachthimmel, sie sind aber tatsächlich riesige Kugeln aus heißen Gasen – vorwiegend Wasserstoff und Helium. Auch die Sonne ist ein Stern. Sie wirkt viel größer als alle anderen, weil sie nicht so weit entfernt ist.

Interstellare Wolken

Der Raum zwischen den Galaxien ist nicht leer. In den Regionen zwischen den Sternen, dem interstellaren Raum, schweben Gas- und Staubteilchen. Sie bilden an einigen Stellen dichte Wolken, die als Nebel bezeichnet werden. Der Pferdekopfnebel erscheint dunkel, weil er das Licht der dahinterliegenden Sterne blockiert.

Planeten & Monde

Planeten sind große Körper, deren Schwerkraft sie zu Kugeln geformt hat. Sie kreisen um Sterne. Einige Planeten werden selbst von kleineren Monden umkreist. Unsere Sonne hat acht Planeten. Mars, der „Rote Planet“, ist von der Sonne aus gesehen der vierte. Er hat zwei Monde.

Andere Himmelskörper

Um die Sonne kreisen viele kleine Brocken aus Eis und Gestein, die sogenannten Zwergplaneten, Planetoiden (Asteroiden) und Kometen. Die meisten von ihnen befinden sich in bestimmten Bereichen: im Planetoidengürtel zwischen Mars und Jupiter und im Kuipergürtel hinter Neptun.

Die Größe des Universums

Die Sonne ist etwa 150 Millionen Kilometer von der Erde entfernt. Der nächste Stern ist viele Tausend Mal weiter entfernt und die am weitesten entfernten Galaxien liegen viele Milliarden Mal weiter weg. Wie groß das Universum tatsächlich ist, wird wohl niemand je errechnen können.

Unser Platz im All

Die Erde gehört zum Sonnensystem, das in einem Spiralarm der Milchstraße liegt. Unsere Galaxie ist Teil einer Galaxiengruppe, die selbst nur einer von vielen Galaxienhaufen ist, die im Universum verteilt sind.

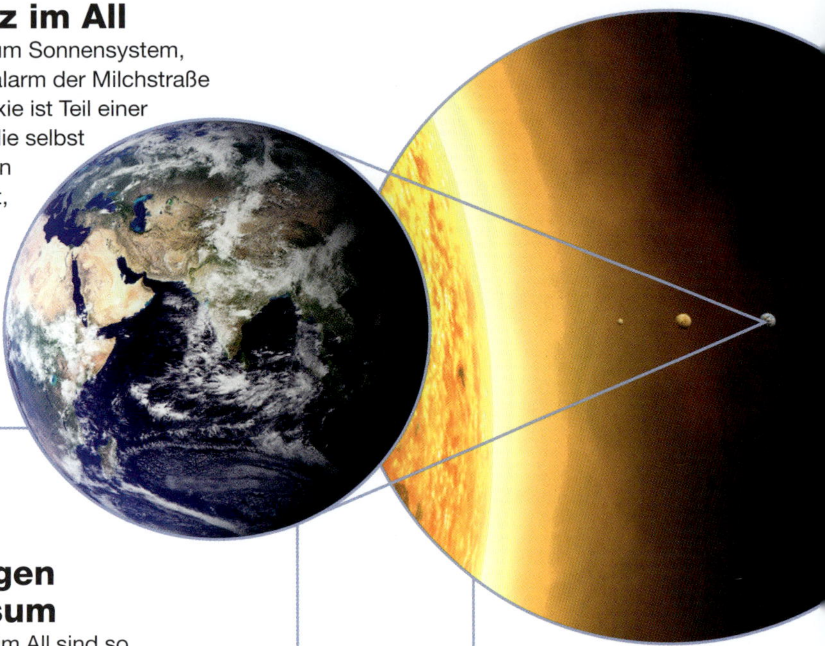

Entfernungen im Universum

Die Entfernungen im All sind so gewaltig, dass sie in Lichtjahren gemessen werden. Ein Lichtjahr entspricht der Strecke, die das Licht in einem Jahr zurücklegt – 9,46 Billionen Kilometer.

Die Erde hat einen Durchmesser von 12 756 km.

Die Erde ist der dritte Planet im **Sonner system**. Die Grenze des Sonnensysten ist ungefähr 10 Billionen Kilometer von der Erde entfernt.

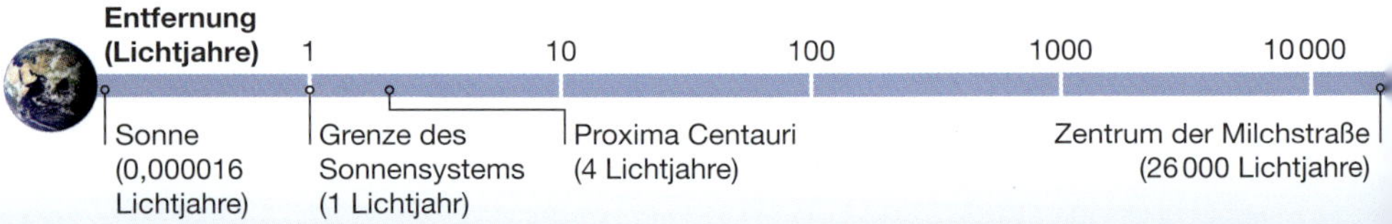

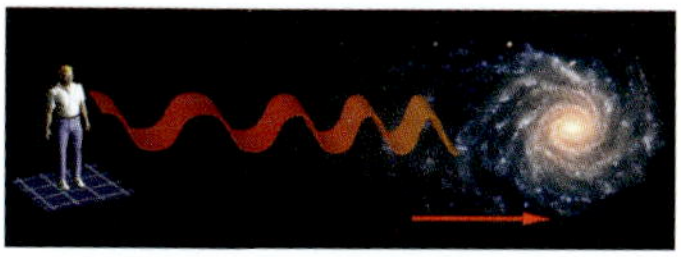

Das Licht einer sich entfernenden Galaxie erscheint rötlicher.

Rotverschiebung

Wir wissen, dass das Universum sich ausdehnt, weil alle Galaxienhaufen auseinanderstreben. Die Geschwindigkeit der Galaxien wird anhand ihres Lichts gemessen. Die Lichtwellen einer sich entfernenden Galaxie werden gestreckt und rötlicher. Dieser Effekt heißt Rotverschiebung.

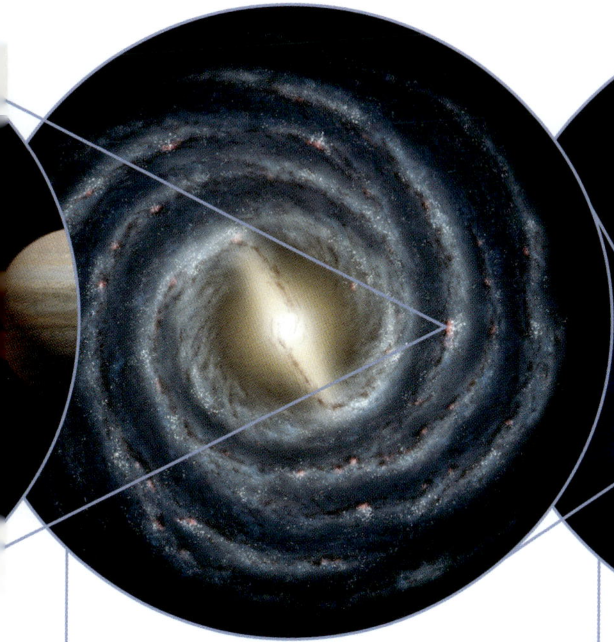

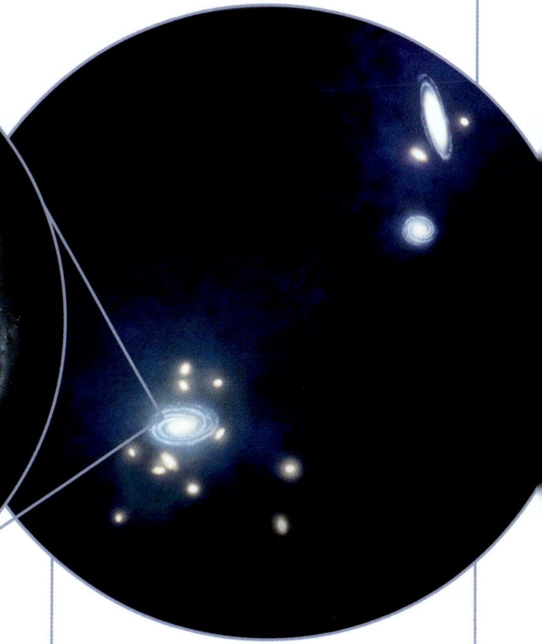

Das Sonnensystem liegt in einem Spiralarm der **Milchstraße** und ist etwa 26 000 Lichtjahre von ihrem Zentrum entfernt, wie Auswertungen wissenschaftlicher Daten gezeigt haben.

Die Milchstraße ist Teil der **Lokalen Gruppe**. Sie ist ein Galaxienhaufen mit einem Durchmesser von rund 10 Mio. Lichtjahren.

00 000 | 1 Million | 10 Millionen | 100 Millionen | 1 Milliarde | 10 Milliarden

Andromeda-Galaxie (2,6 Mio. Lichtjahre)

Virgo-Galaxienhaufen (53,8 Mio. Lichtjahre)

Rand des bekannten Universums (13,8 Mrd. Lichtjahre)

Der Urknall

Vor etwa 13,8 Milliarden Jahren entstand das Universum im Bruchteil einer Sekunde in einer kolossalen Explosion, dem Urknall. Dabei bildeten sich Materie und Energie. Das Universum war zu diesem Zeitpunkt unglaublich heiß und dicht. Danach dehnte es sich aus, kühlte ab und später entstanden Sterne und Galaxien.

Die **Ausdehnung des Universums**, die mit dem Urknall begann, setzt sich heute noch fort. Es dehnt sich sogar immer weiter und schneller aus. Die Geschwindigkeit hat in den letzten 5 Mrd. Jahren zugenommen, aber die zukünftige Entwicklung bleibt ungewiss.

Entwicklung des Universums

Was den Urknall auslöste, ist zwar noch nicht bekannt, doch die Geschichte des Universums lässt sich bis auf den Bruchteil einer Sekunde nach dem Urknall zurückverfolgen. Die freigesetzte Energie bildete Teilchen, die zu den Bausteinen der Sterne, Planeten und Galaxien wurden.

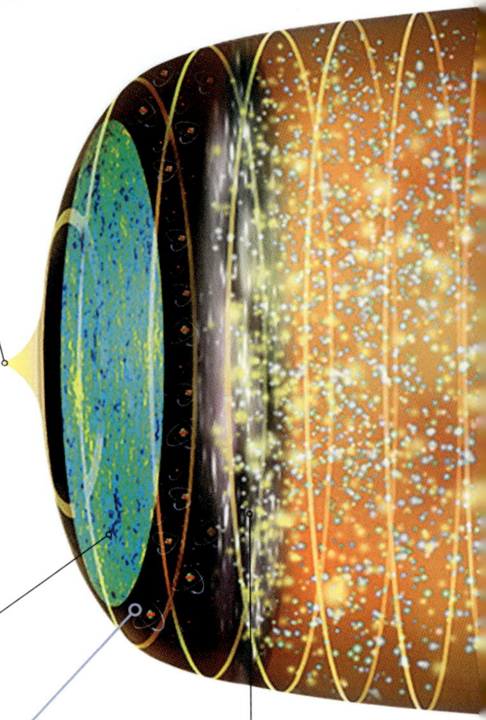

Beim **Urknall** dehnte sich das heiße, neue Universum in alle Richtungen aus.

Die Energie, die das frühe Universum rund 400 000 Jahre nach dem Urknall abgab, ist messbar. Sie wird als kosmische Hintergrundstrahlung bezeichnet. Das Muster ihrer Verteilung wird hier in den Farben Blau und Grün dargestellt.

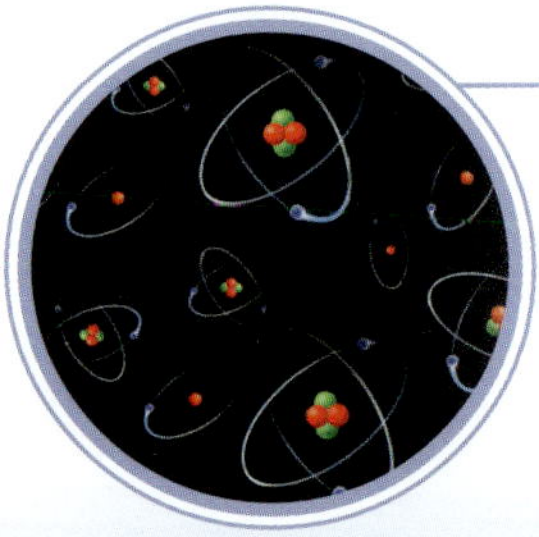

Als **erste Atome** entstanden ungefähr 400 000 Jahre nach dem Urknall die Gase Wasserstoff und Helium.

Die **ersten Sterne** entstanden nach etwa 200 Mio. Jahren, als sich Wolken aus Wasserstoff und Helium durch ihre Schwerkraft verdichteten.

Einige sehr leistungsstarke Teleskope entdeckten Galaxien, die etwa 500 Mio. Jahre nach dem Urknall entstanden sind. Sie zählen wahrscheinlich zu den **ersten Galaxien** und sahen vermutlich wie diese Nachbargalaxien aus.

Das Universum ist **voller Strahlung**. Einen Teil davon sehen wir als Licht. In ferner Zukunft könnte sich irgendwann sämtliche Materie in Schwarzen Löchern und ausgebrannten Sternen konzentrieren, sodass im Weltall nur noch kalte, energiearme Strahlung vorkommt.

Woraus besteht das Universum?

Das Universum enthält Materie und Energie. Sterne und Galaxien bestehen aus sichtbarer Materie, aber Galaxien enthalten auch Dunkle Materie. Da sie weder Licht noch Wärme abgibt, ist sie nur schwer zu entdecken. Aber die Auswirkung ihrer Schwerkraft auf sichtbare Himmelskörper ist erkennbar.

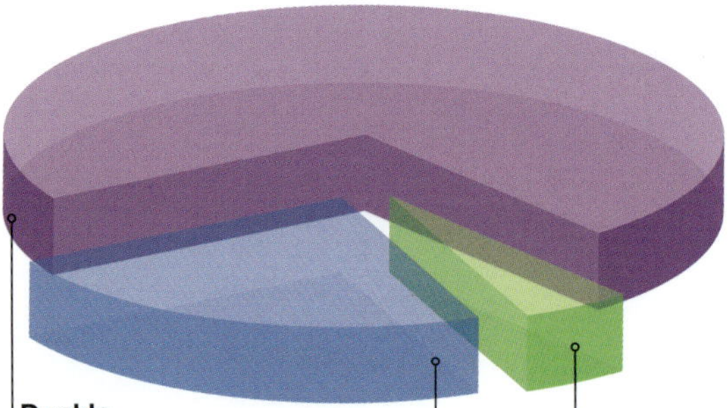

Zusammensetzung

Die sichtbare Materie stellt nur 5 % des gesamten Universums dar, während die unsichtbare Dunkle Materie einen viel größeren Anteil ausmacht. Noch größer ist eine geheimnisvolle Kraft, die Dunkle Energie, die für die Ausdehnung des Universums verantwortlich ist.

Materie

Materie hat eine Masse und wird von der Schwerkraft beeinflusst. Sie besteht aus Teilchen, den Atomen, die wiederum aus noch kleineren Teilchen zusammengesetzt sind. Atome sind winzig klein und daher unsichtbar. Je nachdem, wie dicht sie gepackt sind, nehmen sie einen der vier Aggregatzustände ein: fest, flüssig, gasförmig oder Plasma.

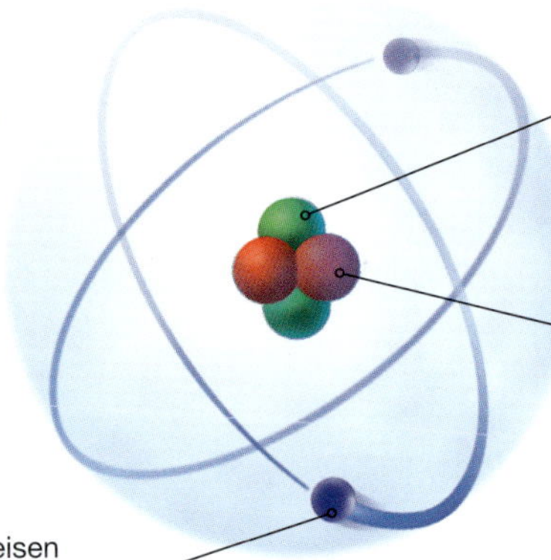

Heliumatome enthalten 2 Protonen, 2 Neutronen und 2 Elektronen.

Dunkle Materie

Dunkle Materie gibt es im gesamten Universum. Ihre Existenz lässt sich durch ihre Wirkung auf sichtbare Materie vorhersagen. Die Schwerkraft einiger großer Galaxienhaufen wie Abell 901/902 ist größer als erwartet. Die zusätzliche Kraft wird durch Dunkle Materie verursacht.

Feststoffe wie diese Goldbarren haben eine bestimmte Form.

Flüssige Materie wie Öl passt sich der Form ihres Behälters an.

Gasförmige Teilchen wie Bromdampf sind frei beweglich. Ein Gas hat keine feste Form.

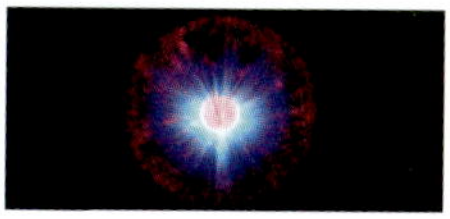

Plasma entsteht in sehr heißem Gas, wenn die Atome zerfallen. In dieser Kugel wurde Elektrizität durch ein Gas geleitet, um Plasma zu erzeugen.

ERFORSCHUNG

Der **Large Hadron Collider** am Europäischen Kernforschungszentrum (CERN) bei Genf ist eine riesige unterirdische Maschine. Sie soll Bedingungen simulieren, wie sie kurze Zeit nach dem Urknall im Universum herrschten. Damit wollen Wissenschaftler herausfinden, wie sich die Dunkle Materie entwickelte.

Elektromagnetisches Spektrum

Licht, Radiowellen und Röntgenstrahlen sind energietragende Wellen, die elektromagnetische Strahlung. Himmelskörper wie Sterne und Galaxien geben alle Arten dieser Strahlen ab. Einige übertragen nur wenig, andere dagegen sehr viel Energie. Zusammen bilden sie das elektromagnetische Spektrum.

Energiewellen

Alle elektromagnetischen Strahlen breiten sich mit Lichtgeschwindigkeit aus – etwa 300 000 km/s –, sie sind aber, je nach ihrer Wellenlänge, unterschiedlich energiereich. Die Wellenlänge ist der Abstand zwischen zwei Wellenspitzen. Falschfarben zeigen hier unsichtbare Strahlen mit verschiedenen Wellenlängen im Krebsnebel.

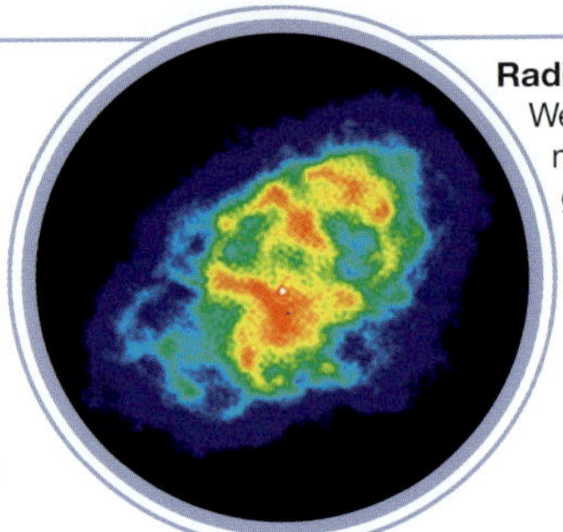

Radiowellen besitzen Wellenlängen von mehreren Metern, geben aber weniger Energie ab als andere Strahlen.

Infrarotstrahlen Wärmestrahlen von heißen Objekten sind hier rot dargestellt, während schnelle Elektronen blau erscheinen.

Radiowellen

Mikrowellen

Wellenlängen zwischen Radiowellen und Infrarot

Infrarot

Sichtbares Licht ist für unsere Augen wahrnehmbar. Gase und Elektronen im Krebsnebel erzeugen sichtbares Licht. Das Lichtspektrum reicht von langwelligen roten bis zu kurzwelligen violetten Lichtstrahlen.

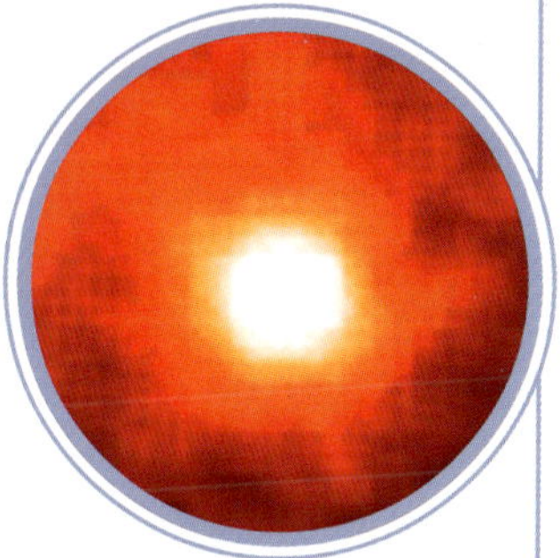

Gammastrahlen haben die kürzesten Wellenlängen und die meiste Energie. Ein rotierender Neutronenstern im Zentrum des Nebels erzeugt Gammastrahlen.

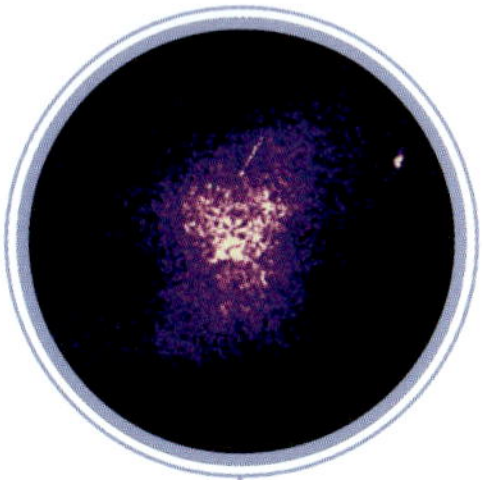

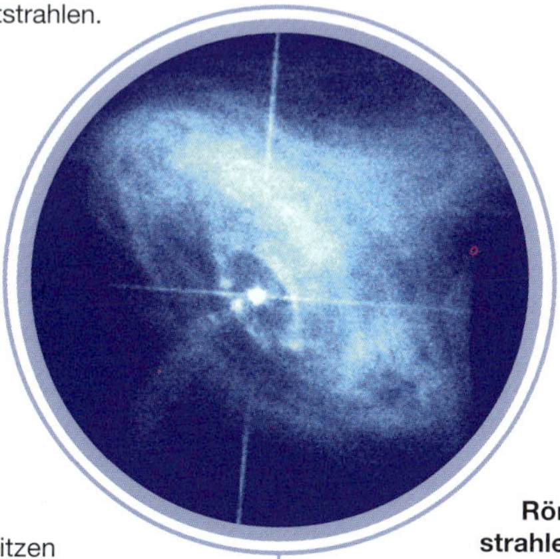

Ultraviolette Strahlen besitzen kürzere Wellenlängen als sichtbares Licht. Das unglaublich heiße Zentralgebiet des Nebels gibt diese Wellen ab.

Röntgenstrahlen sind hochenergetische Wellen sehr heißer Objekte. Hier geben superheiße Teilchen im Zentrum des Nebels Röntgenstrahlen ab.

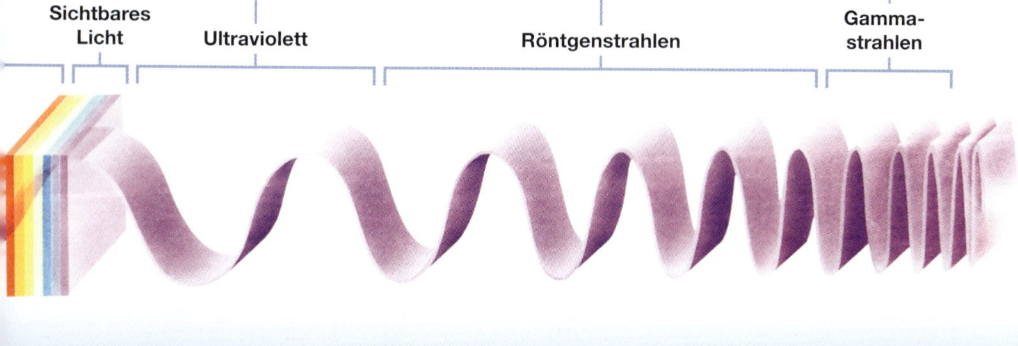

Himmelskarten

Am Nachthimmel leuchten zahllose Sterne. Um sich bei all diesen verstreuten Lichtpunkten zu orientieren, sollte man den Nachthimmel am besten wie die alten Astronomen betrachten – als eine gigantische Kugel um die Erde. Diese Astronomen erkannten Muster in den Sternen, die sogenannten Sternbilder.

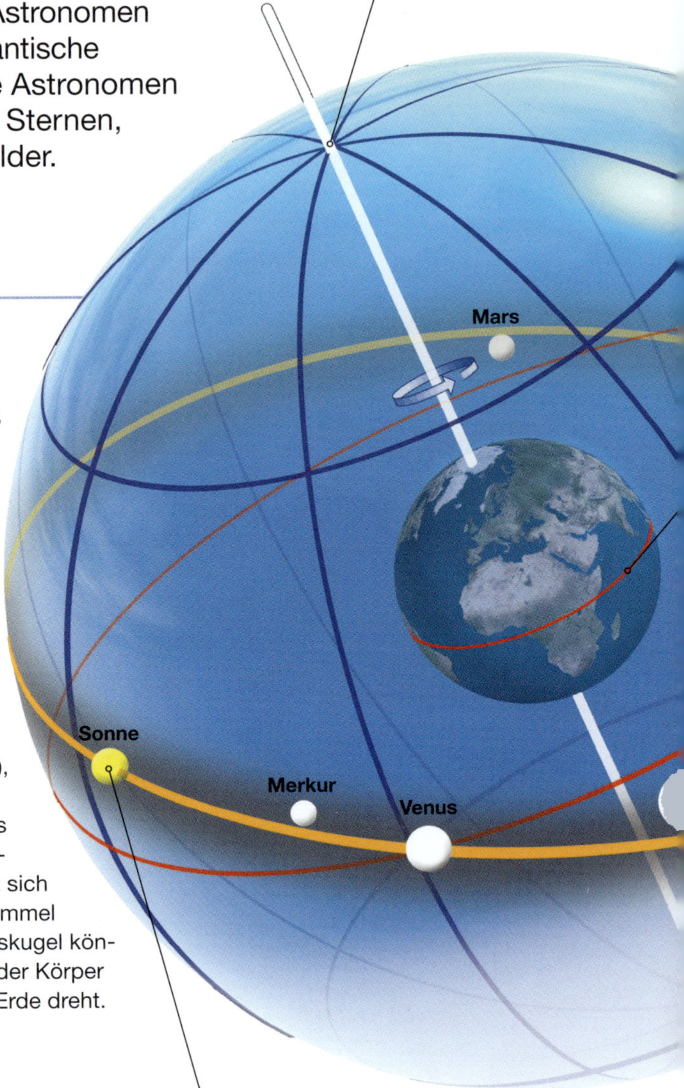

Der **Himmelsnordpol** liegt über dem Nordpol der Erde.

Die Himmelskugel

Auf der Erde dient ein Koordinatensystem zur Orientierung. Die Grundlinie bildet der Äquator, der die Erde in zwei Hälften teilt. Parallel zum Äquator verlaufen nördlich und südlich die Breitengrade, während sich die Längengrade zwischen den Polen erstrecken. Dieses System wurde auf die Himmelskugel übertragen. Sie hat ebenfalls einen Nord- und Südpol sowie einen Äquator. Die Linien zwischen den Polen heißen Rektaszensionslinien (RA), die Linien nördlich und südlich des Himmelsäquators werden als Deklination bezeichnet. Mit Kreuzungspunkten dieser Linien lässt sich die Position jedes Objekts am Himmel bestimmen. Anhand der Himmelskugel können Astronomen die Bewegung der Körper gut verfolgen, während sich die Erde dreht.

Die Sonne hat keinen festen Punkt auf der Himmelskugel, sondern bewegt sich auf einer Bahn, der **Ekliptik**.

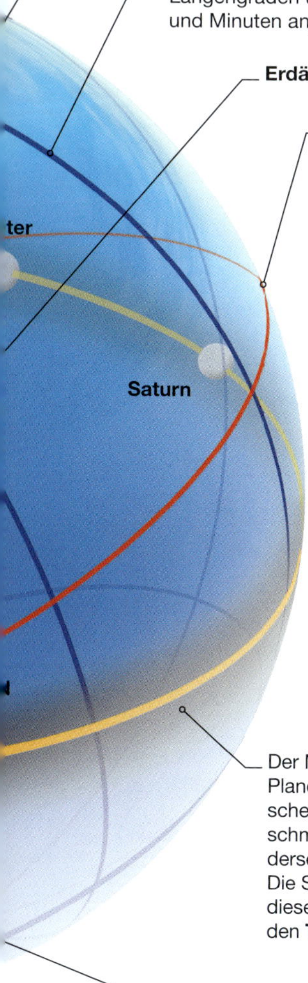

Die **Deklination** auf der Himmelskugel entspricht den Breitengraden und wird in Grad und Minuten gemessen.

Die **Rektaszension** auf der Himmelskugel entspricht den Längengraden und wird in Stunden und Minuten angegeben.

Erdäquator

Der **Himmelsäquator** liegt über dem Äquator der Erde.

Der Mond und die Planeten wandern scheinbar in einem schmalen Band beiderseits der Ekliptik. Die Sternbilder in diesem Band bilden den **Tierkreis**.

Der **Himmelssüdpol** liegt über dem Südpol der Erde.

Starhopping

Astronomen und Beobachter finden bestimmte Objekte durch „Starhopping“. Sie suchen erst einen Stern oder ein Sternmuster, das leicht zu erkennen ist. Dann ziehen sie eine gedachte Linie zu einem Nachbarstern und wiederholen diesen Vorgang so lange, bis sie ihr Ziel sehen.

Die beiden hellen Sterne Dubhe und Merak am hinteren Wagenkasten im „Großen Wagen“ (Ursa Maior) weisen zu Polaris, dem Nordpolarstern.

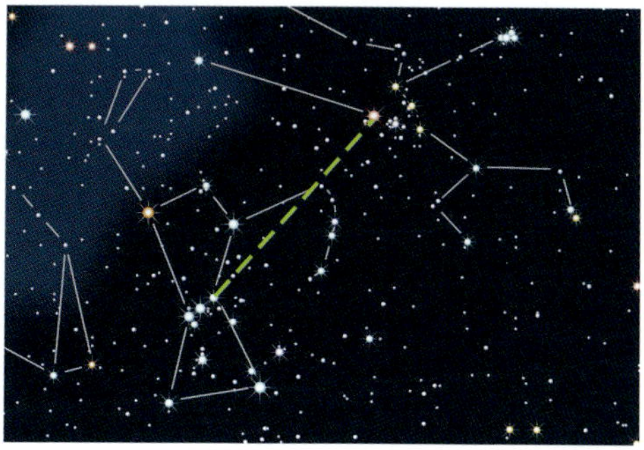

Die drei hellen Sterne im Oriongürtel weisen auf den roten Riesen Aldebaran im Sternbild Taurus.

Nördlicher Nachthimmel

Welche Sterne man am Nachthimmel sieht, hängt vom Breitengrad des Standorts, der Uhrzeit und der Jahreszeit ab. Während die Erde im Lauf eines Jahres um die Sonne kreist, erscheinen verschiedene Abschnitte der Himmelskugel und andere Sternbilder am Nachthimmel. Astronomen bestimmen die Positionen von Objekten mithilfe der Sternbilder.

Nördliche Sternbilder

Die Sterne und Sternbilder der nördlichen Hälfte der Himmelskugel zeigt diese Karte (gegenüberliegende Seite) als Projektion auf eine ebene Fläche. Im Mittelpunkt der Karte befindet sich der Stern Polaris, der scheinbar immer direkt über dem Nordpol der Erde steht.

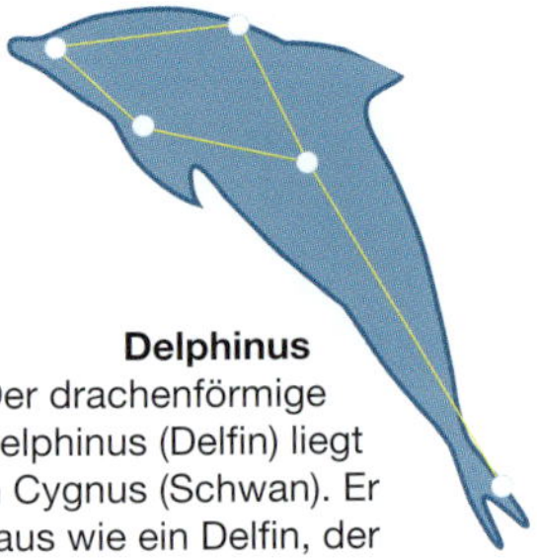

Delphinus
Der drachenförmige Delphinus (Delfin) liegt neben Cygnus (Schwan). Er sieht aus wie ein Delfin, der aus dem Wasser springt.

Entstehung der Sternbilder
Frühere babylonische und griechische Astronomen übertrugen Götter und Tiere aus ihren Sagen und Legenden auf den Himmel und schufen die Sternbilder. Heute ist der Himmel in 88 Sternbilder aufgeteilt.

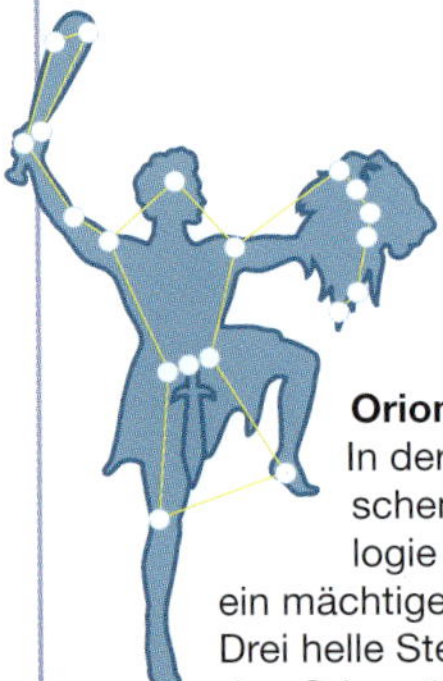

Orion
In der griechischen Mythologie war Orion ein mächtiger Jäger. Drei helle Sterne bilden den Oriongürtel, der leicht erkennbar ist.

Leo
Die Anordnung der Sterne zeigt den Umriss eines kauernden Löwen. Die sechs Sterne, die Kopf und Brust des Löwen bilden, werden auch Sichel genannt.

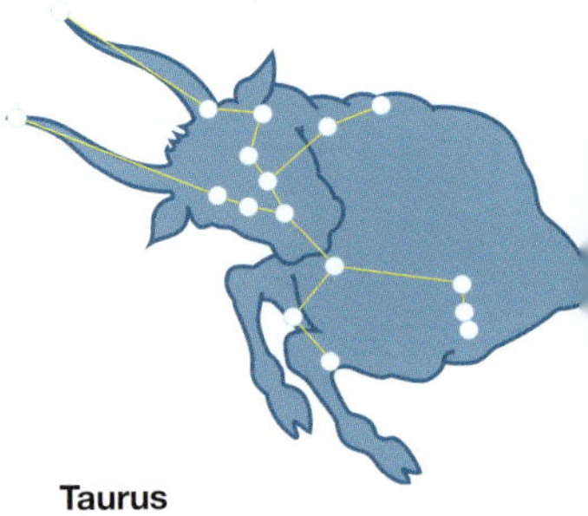

Taurus
Das Sternbild stellt Kopf und Oberkörper eines mythischen Stiers dar. Die Sterne Beta Tauri und Zeta Tauri bilden die Spitzen der Hörner des Stiers.

Die **Milchstraße** erstreckt sich als schwach leuchtendes Band über den Himmel.

Ekliptik

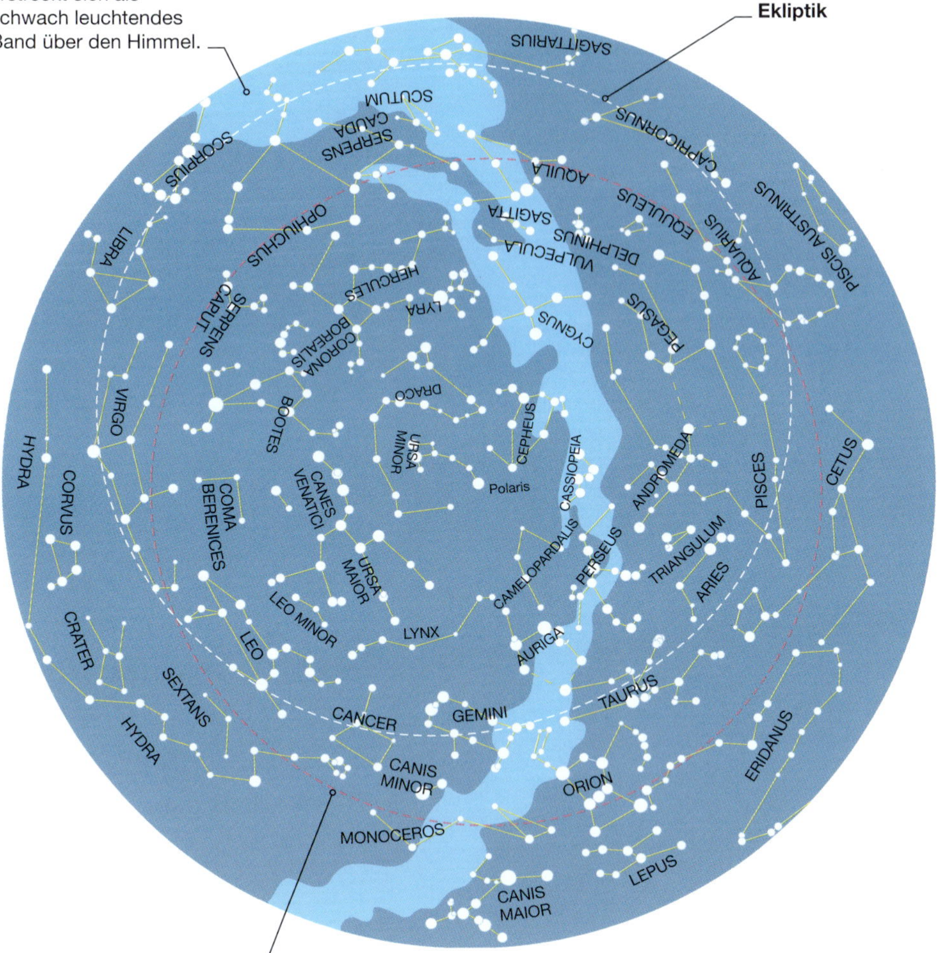

Himmelsäquator

Nördliche Hälfte der Himmelskugel

Südlicher Nachthimmel

Die Sterne und Sternbilder der südlichen Hälfte der Himmelskugel zeigt diese Karte als Projektion auf eine ebene Fläche. Die Sterne am Kartenrand sind sowohl von der nördlichen als auch von der südlichen Erdhalbkugel sichtbar. Der Südpol der Erde liegt auf einer Linie mit dem Mittelpunkt der Karte.

Der Tierkreis

In einem Jahr wandert die Sonne scheinbar durch mehrere Sternzeichen, den sogenannten Tierkreis. Er umfasst: Aries (Widder), Taurus (Stier), Gemini (Zwillinge), Cancer (Krebs), Leo (Löwe), Virgo (Jungfrau), Libra (Waage), Scorpio (Skorpion), Sagittarius (Schütze), Capricornus (Steinbock), Aquarius (Wassermann) und Pisces (Fische).

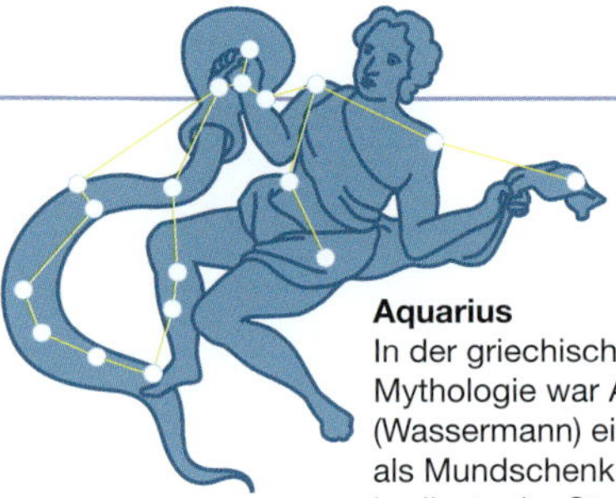

Aquarius
In der griechischen Mythologie war Aquarius (Wassermann) ein Hirte, der als Mundschenk die Götter bediente. Im Sternbild liegt der Helixnebel.

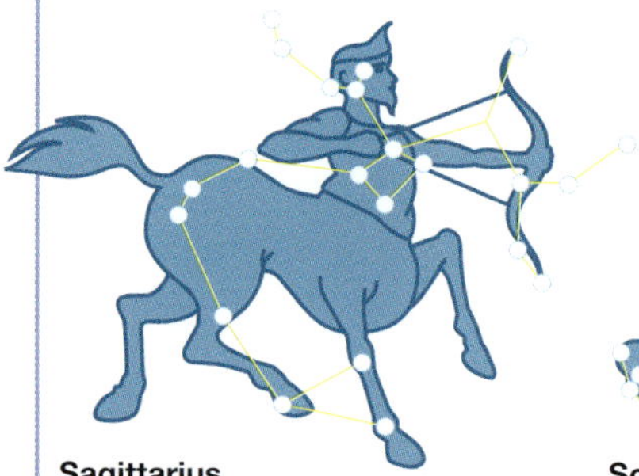

Sagittarius
Sagittarius (Schütze) war ein Zentaur in der griechischen Mythologie – halb Mensch, halb Pferd. Das Sternbild enthält interessante Himmelsobjekte wie den Lagunennebel.

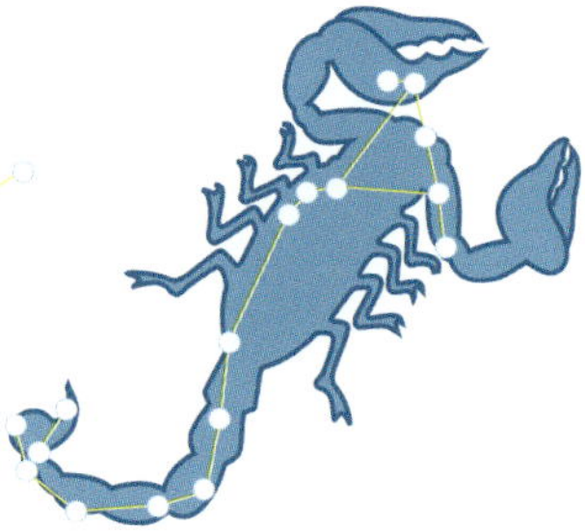

Scorpius
Das Sternbild zeigt den Skorpion, der in der griechischen Mythologie den Jäger Orion mit seinem Stachel tötete. Es liegt von der Erde aus gesehen in Richtung des Zentrums der Milchstraße.

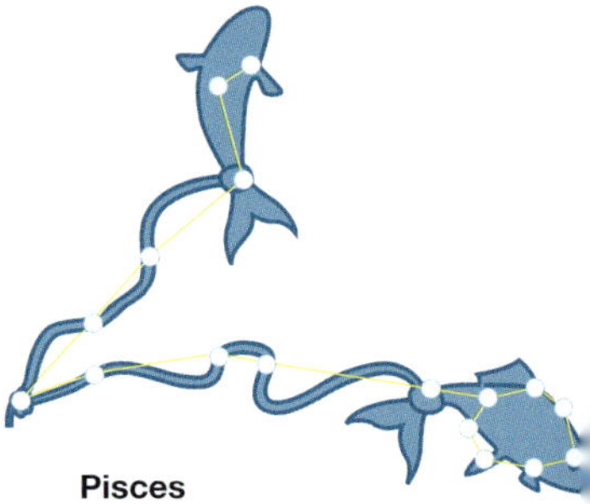

Pisces
Das Sternbild stellt die beiden mythologischen Fische dar. Ein auffälliger Ring aus sieben Sternen, das Circlet, markiert den Körper eines der Fische.

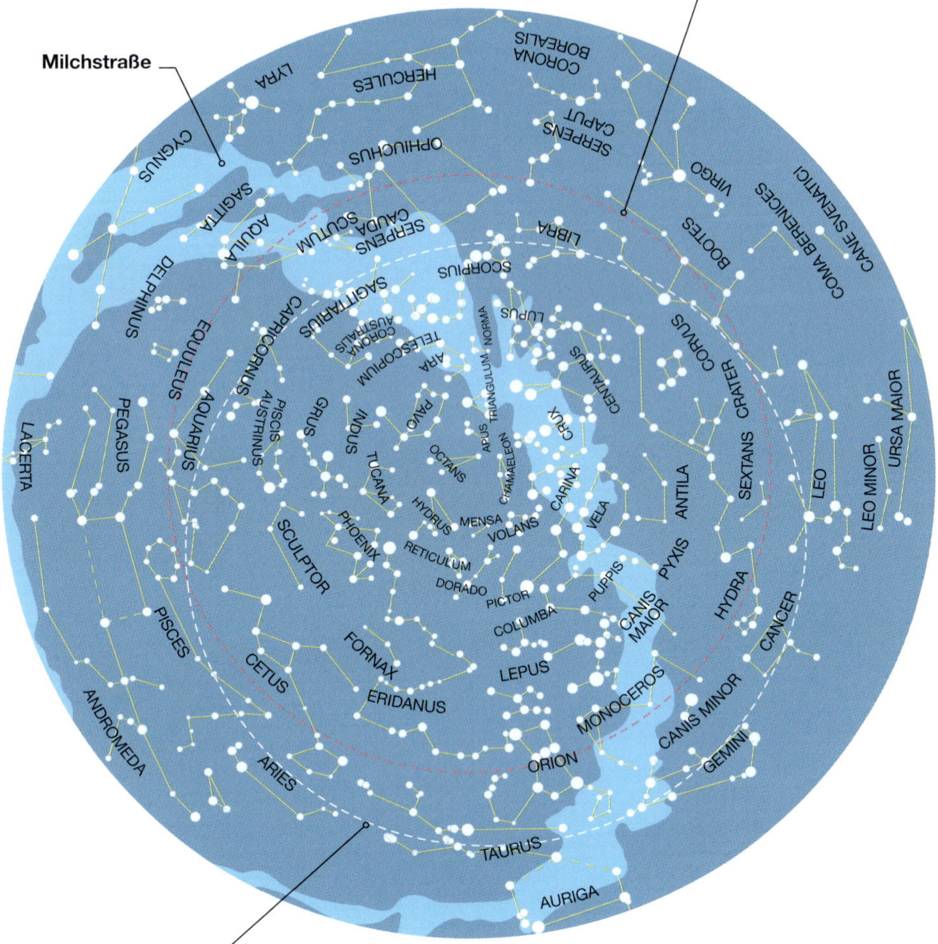

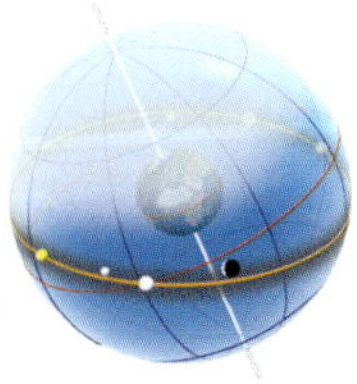

Südliche Hälfte der Himmelskugel

Die Sonnenfamilie

Vor ungefähr 4,6 Milliarden Jahren bildete sich das Sonnensystem aus einer gigantischen Wolke aus Gas und Staub. Über Millionen Jahre hinweg zog die Schwerkraft Gas und Staub zu einer flachen, sich drehenden Scheibe zusammen. Das Zentrum der Scheibe erhitzte sich und bildete die Sonne. Aus dem restlichen Material entstanden Planeten, Planetoiden, Monde und Kometen.

Zeichnung der Scheibe um die junge Sonne

Das Sonnensystem entsteht

Körnchen aus Staub und Eis in der Scheibe rund um die Sonne stießen zusammen und verklumpten. Nahe der Sonne prallten Gesteinsbrocken aufeinander und bildeten die erdartigen Planeten. Im äußeren Teil der Scheibe sammelte sich Gas um Brocken aus Eis und Gestein. So bildeten sich die Riesenplaneten. Am Scheibenrand blieben viele Brocken übrig.

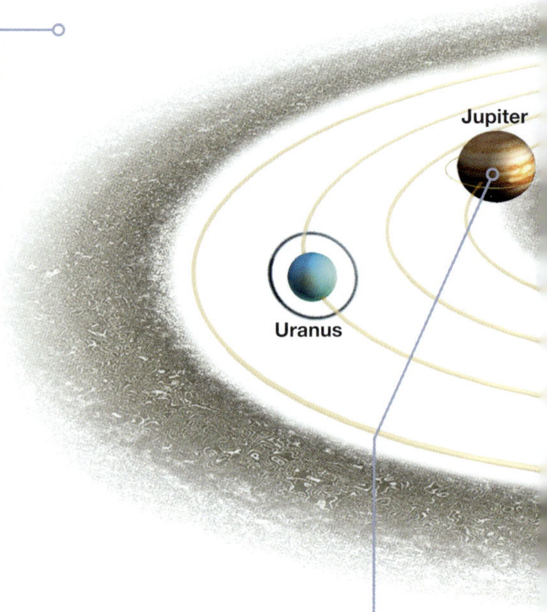

Jupiter und sein Mond Io

Riesenplaneten

Die vier Riesenplaneten kreisen im äußeren Teil des Sonnensystems. Jupiter und Saturn nennt man auch Gasriesen, weil sie sehr dicke, gasreiche Atmosphären besitzen. Uranus und Neptun heißen Eisriesen, weil ihre Atmosphären gefrorenes Methan enthalten.

Das Sonnensystem

Um die Sonne kreisen acht Planeten – Merkur, Venus, Erde, Mars, Jupiter, Saturn, Uranus und Neptun – sowie Billionen kleinerer Körper: Zwergplaneten, Monde, Planetoiden (Asteroiden), Kometen und Meteoroiden.

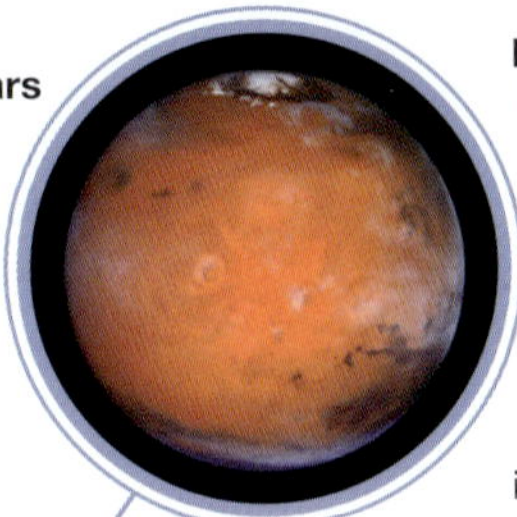

Mars

Erdartige Planeten
Die Kollisionen, die zu den vier inneren Planeten führten, erzeugten sehr viel Hitze. Zuerst bestanden die Planeten aus geschmolzenem Gestein. Erst als sie abkühlten, erstarrten ihre Oberflächen.

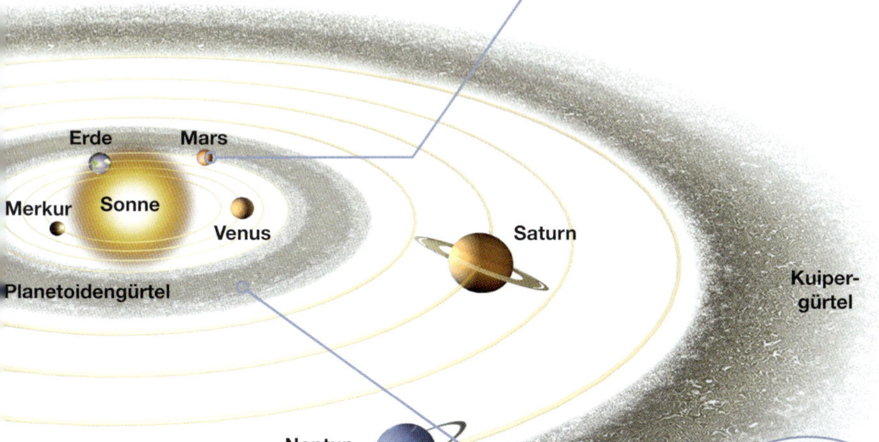

Eros, ein Planetoid

Planetoidengürtel
Millionen Planetoiden kreisen zwischen Mars und Jupiter um die Sonne. Dieses Gebiet nennt man den Planetoidengürtel.

Kuipergürtel und Oortsche Wolke
Eisige Zwergplaneten und viele kleinere Eiskörper kreisen in einer sehr kalten Region hinter Neptun, dem Kuipergürtel, um die Sonne. Weiter außerhalb befindet sich die Oortsche Wolke, ein kugelförmiger Bereich, in dem Billionen von Eiskörpern kreisen. Vermutlich stammen viele Kometen aus der Oortschen Wolke.

Computergrafik von Sedna, einem Zwergplaneten

Erdartige Planeten

Die vier sonnennahen Planeten – Merkur, Venus, Erde und Mars – sind die erdartigen Planeten. Sie haben feste Krusten, bestehen hauptsächlich aus Gestein und Metall und besitzen nur wenige oder gar keine Monde.

IM DETAIL:
ATMOSPHÄRE
Eine Atmosphäre ist eine Gashülle um einen Planeten, die durch seine Schwerkraft angezogen wird.

Merkur

Merkur ist der sonnennächste Planet. Die Sonne erhitzt die ihr zugewandte Seite auf sengende 430 °C, während die Nachtseite auf klirrende –180 °C abkühlt.

MAXIMALE ENTFERNUNG ZUR SONNE
69,8 Mio. km

DURCHMESSER 4879 km

LÄNGE EINES JAHRES 88 Erdtage

LÄNGE EINES TAGES 58,6 Erdstunden

Venus

Venus liegt unter dicken Wolken, sodass ihre Merkmale nur auf Radaraufnahmen (unten) sichtbar sind. Ein Tag auf der Venus ist länger als ein Jahr, weil sie nur langsam rotiert.

MAXIMALE ENTFERNUNG ZUR SONNE
108,9 Mio. km

DURCHMESSER 12 104 km

LÄNGE EINES JAHRES 224,7 Erdtage

LÄNGE EINES TAGES 243 Erdtage

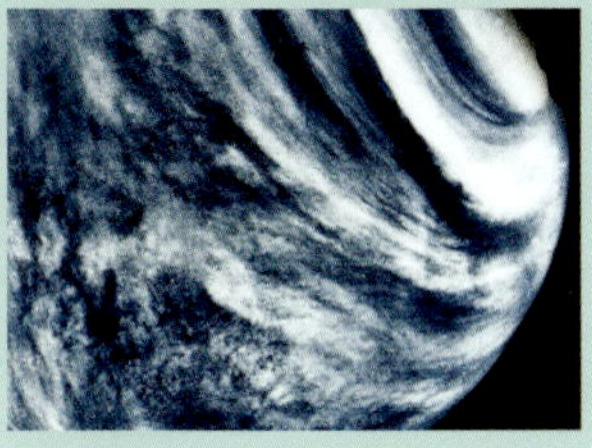

▲ Dicke Wolken aus Schwefeldioxid und Schwefelsäure in der Venusatmosphäre blockieren das Sonnenlicht.

▲ Gase in der Erdatmosphäre streuen blaues Sonnenlicht stärker als rotes, sodass der Himmel blau erscheint.

▲ Die dünne Marsatmosphäre besteht fast vollständig aus Kohlendioxid. Durch Staub erscheint sie pinkfarben.

Erde

Aus dem Weltraum erscheint die Erde blau, weil Ozeane den größten Teil ihrer Oberfläche bedecken. Sie erreichen bis zu 11 km Tiefe. Den Meeresboden bildet eine Gesteinskruste.

MAXIMALE ENTFERNUNG ZUR SONNE
152,6 Mio. km

DURCHMESSER 12 756 km

LÄNGE EINES JAHRES 365,25 Tage

LÄNGE EINES TAGES 23,9 Stunden

Mars

Der staubige Boden des Mars enthält Eisenoxid (Rost), das dem Planeten seine auffällige rote Färbung gibt. Er besitzt ein tiefes Grabensystem und zahlreiche Vulkane.

MAXIMALE ENTFERNUNG ZUR SONNE
249,2 Mio. km

DURCHMESSER 6792 km

LÄNGE EINES JAHRES 687 Erdtage

LÄNGE EINES TAGES 24,6 Erdstunden

Register

Dank und Bildnachweis

Der Verlag dankt folgenden Personen und Institutionen für die freundliche Genehmigung zum Abdruck von Fotos:

(Abkürzungen: o = oben, u = unten, m = Mitte, l = links, r = rechts, g = ganz, Hg = Hintergrund)

1 NASA: Planetary Photo Journal Collection (m). 2–3 ESO: http://creativecommons.org/licenses/by/3.0 (m). 4–5 ESO: IDA/Danish 1.5 m/R. Gendler/S. Guisard/C. Thöne/ http://creativecommons.org/licenses/by/3.0 (m). 4 NASA: European Space Agency (ul). 5 Corbis: Ctein/Science Faction (ur). ESO: http://creativecommons.org/licenses/by/3.0 (gor). NASA: JPL (m). 6 NASA: Visible Earth/Reto Stockli/Alan Nelson/Fritz Hasler (m, ul); International Astronomical Union (mr). 7 NASA: Spitzer Space Telescope Collection (ml). Science Photo Library: Mark Garlick (mr). 8–9 The Art Agency: Barry Croucher (m). 9 ESO: Igor Chekalin/http://creativecommons.org/licenses/by/3.0 (gom). 11 © CERN : Claudia Marcelloni / Max Brice (mru). Corbis: Nathan Benn (ul); Mark Weiss (mlu); G. Brad Lewis/Science Faction (mu). NASA: Hubble Space Telescope Collection (gor). 12 Chandra X-Ray Observatory: NASA/JPL-Caltech/Univ. Minn./R. Gehrz (mr). NASA: Goddard Space Flight Centre (m). 13 NASA: Compton Gamma Ray Observatory (m, gor); Goddard Space Flight Centre (mr). NOAO/AURA/NSF: Jay Gallagher (U. Wisconsin)/N. A. Sharp/WIYN (gol). 20 NASA: Damian Peach (ur). 21 NASA: (ul, ur); Great Images in Nasa Collection (gor). 22 Corbis: Ocean (mru). NASA: Johns Hopkins University Applied Physics Laboratory/Carnegie Institution of Washington (mlu). 23 NASA: Earth Day Image Gallery (gom); JPL/University of Arizona (gor); (gol, mru); Visible Earth/Reto Stockli/Alan Nelson/Fritz Hasler (mlu).

Cover: Alamy Images: Jupiterimages mogl/(Shuttle); The Stocktrek Corp/Brand X Pictures mogl/(Sonne). Corbis: STScI/NASA/ ESA/E. Karkoschka (University of Arizona)/Hubble m. Dorling Kindersley: Eurospace Center, Transinne, Belgien ugr/(Satellit); The Science Museum, London mlo/(Raumsonde), mogr/(Skylab); Space and Rocket Center, Alabama mgl/(Raumanzug). Getty Images: Photolibrary/Photodisc/PhotoLink um/(Astronaut); Stocktrek Images ugl/(Mond); Stone/World Perspectives mgr/ (Mars). NASA: mlu/(Raumsonde), mro/(Shuttle), mogr/(SDO), mlo/(ISS), mro/(ISS), mgl/(Mond), mlu/(HTV), ugr/(Jupiter), um/ (Jupitermond), mru/(Chandra), mru/(Venus); Röntgen: NASA/ CXC/SAO; IR & UV: NASA/JPL-Caltech; Optisch: NASA/STScI ugr/(Pinwheel-Galaxie); ESA/Hubble Heritage (STScI/AURA)/ ESA/Hubble Collaboration ul/(Spiralgalaxie); ESA/The Hubble Heritage Team (STScI/AURA)/J. Bell (Cornell University)/M. Wolff (Space Science Institute) ul/(Mars); ESA, Hubble Heritage Team (STScI/AURA), J. Bell (Cornell University) und M. Wolff (Space Science Institute, Boulder) mlo/(Mars); Walt Feimer/ Goddard Space Flight Center mogl/(Ibex), mro/(Ibex); JHUAPL mo/(Eros); JPL/Caltech/R. Hurt (SSC) mlo/(Galaxie); JPL/DLR (Deutsches Luft- und Raumfahrtzentrum) mlo/(Callisto); JPL/ University of Arizona mro/(Jupiter), mro/(Io); JPL-Caltech mgl/ (Rover Curiosity); JPL-Caltech/S. Willner (Harvard-Smithsonian Center for Astrophysics) mo/(Spiralgalaxie); JPL-Caltech/University of Arizona mogl/(Deimos); Lockheed Martin mogr/(Orionmodul); JPL/Space Science Institute ugl/(Hyperion); Adobe-Stock: martialred gor/(Figur mit Buch)

Weitere Informationen unter www.dkimages.com